"Essen und Trinken hält Leib und Seele zusammen."

Deutsches Sprichwort

Tanja Gruber

Meine glutenfreie Hausmannskost

Mit Fotografien von Frauke Antholz

KNEIPP
VERLAG WIEN

INHALT

4
VORWORT

6
Rezepte

8
Schnelle Salate & wärmende Suppen

22
Herzhafte Hauptspeisen

56
Klassische Soßen & Dressings

74
Treue Begleiter

90
Süße Hauptspeisen

104
Verführerische Desserts

114
Flammkuchen, Quiche & Co.

128
Traditionelle Brötchen & frisches Brot

146
Theorie

172
REZEPTREGISTER

174
ÜBER DIE AUTORIN

VORWORT

Liebe Leserin, lieber Leser,

das Wort „Zöliakie“ steht für ein Beschwerdebild, dessen Ausmaß und Konsequenzen wohl nur Betroffene bis ins kleinste Detail kennen. Ist die Krankheit nicht diagnostiziert, können oft jahrelange gesundheitliche Beschwerden Körper und Psyche schwächen.

Auch ich leide seit meiner Kindheit an dieser Autoimmunerkrankung, erhielt die rettende Diagnose aber erst im Alter von 22 Jahren – nach einer schier endlosen Ärzteodyssee. Man schickte mich gleich zur Ernährungsberatung, wo sich meine anfängliche Zuversicht allerdings binnen weniger Minuten ins Gegenteil verkehrte und sich zur Schockstarre wandelte: „Unser täglich Brot“ sollte die jahrelangen Beschwerden ausgelöst haben? Genauso wie alles, was ich bisher so gerne gegessen hatte: Kuchen, Torten, Kekse, Nudeln und Pizza? Nein! Als Tochter eines Müllermeisters konnte ich mir nicht vorstellen, dass ausgerechnet das Mehl für meine Symptome verantwortlich war! Die Ernährungsberatung entließ mich jedenfalls mit einem Blatt Papier, auf dem fein säuberlich alles notiert war, was ab sofort zum „Verbotenen“ zählte – also genau jene Lebensmittel, von denen ich mich bis zu diesem Zeitpunkt hauptsächlich ernährt hatte.

Damals, im Jahr 2000, gab es kaum Informationen über Zöliakie und so schloss ich mich der DZG (Deutschen Zöliakie-Gesellschaft) an und begann, mich eingehend mit der Thematik auseinanderzusetzen. Mit umfangreichen Lebensmittellisten in der Hand ging ich auf glutenfreie Einkaufstour und mit einer Fülle von Informationen im Kopf versuchte ich, mich im glutenfreien Alltag zurechtzufinden. Aber es dauerte in der Tat eine Weile, bis ich alles verinnerlicht hatte.

Dass ich schon immer leidenschaftlich gerne in der Küche stand, um leckeres Essen und Gebäck zuzubereiten, kam mir natürlich sehr zugute. Motiviert durch das Wissen, mein Leben lang auf Gluten verzichten zu müssen, „entwickelte“ ich ohne Unterlass so lange entsprechende Varianten all meiner Lieblingsrezepte, bis mir das, was ich da produziert hatte, auch wirklich schmeckte.

Heute gebe ich mit großer Leidenschaft und viel Herzblut weiter, was ich mir im Laufe der Jahre erarbeitet, erkocht und erbacken habe – in Büchern, Koch- und Backkursen, auf meinem Blog rezepte-glutenfrei.de und über meinen YouTube-Kanal. Dabei geht mir jedes Mal das Herz auf, wenn ich erfahre, dass Zöliakiebetroffene aus meinen Kursen neuen Lebensmut schöpfen und voller Motivation ans – neue – Werk gehen.

Zugegeben, glutenfrei zu leben, bedeutet meist eine große Umstellung – aber ich kann Ihnen versichern, es bedeutet keinesfalls, dass Sie auf Lebensqualität und köstliche Speisen verzichten müssen! Probieren Sie es aus: Selbst wenn Sie Ihre ganze Familie, Ihren Freundeskreis und überhaupt alle glutenfrei bekochen, wird kaum jemand den Unterschied zum „normalen“ Essen bemerken.

In diesem Buch finden Sie eine Vielzahl an Rezepten für die alltägliche Küche: Stöbern Sie durch die Seiten und entdecken Sie köstliche Vorspeisen, herzhafte und süße Hauptgerichte, Ihre geliebten Beilagen aus Kindertagen, aromatische Soßen, himmlische Backwaren und feinste Dessertkreationen …

Ich wünsche Ihnen von Herzen eine leichte Ernährungsumstellung, viel Freude mit diesem Buch und vor allem die großartigsten Genussmomente!

Ihre Tanja Gruber

Rezepte

Schnelle Salate & wärmende Suppen

Leberspätzlesuppe

FÜR 4 PORTIONEN

1 Zwiebel

1 Bund Petersilie

1 EL Speiseöl

40 g Butter (ggf. laktosefrei)
♥ *vegane Margarine*

1 Ei (Gr. M)

1 TL Salz

1 Prise Muskatnuss

Pfeffer

40 g glutenfreies Paniermehl (ggf. laktosefrei)
♥ *auf Milchbestandteile achten*

100 g Leber, geschabt

1½ l Gemüse- oder Fleischbrühe

etwas Petersilie, gehackt, zum Bestreuen

1 Zwiebel und Petersilie sehr fein hacken. Beides in Öl andünsten, abkühlen lassen.

2 Butter schaumig rühren, das Ei einrühren und mit Gewürzen, Paniermehl, Zwiebel-Petersilie und Leber vermengen. Den Teig 15 Minuten im Kühlschrank ruhen lassen.

3 Brühe zum Kochen bringen, den Teig mit dem Spätzlehobel in die Brühe hobeln. Alternativ in eine Spätzlepresse füllen und in die Brühe drücken. 8–10 Minuten ziehen lassen.

4 Mit Petersilie bestreuen.

Tipp

Die würzig-aromatischen Spätzle sind die ideale Suppeneinlage und zudem beliebt bei Groß und Klein.

Semmelklößchensuppe

FÜR 4 PORTIONEN

30 g Butter (ggf. laktosefrei)
♥ *vegane Margarine*

35 g glutenfreier Grieß, z. B. aus Hirse, Reis, Mais oder Buchweizen

etwa 75 g glutenfreies Paniermehl (ggf. laktosefrei)
♥ *auf Milchbestandteile achten*

1 TL Salz

1 Ei (Gr. M)

1½ l Gemüse- oder Fleischbrühe

Schnittlauch, geschnitten, nach Geschmack

1 250 ml Wasser und Butter in einen Kochtopf geben und zum Kochen bringen. Grieß zugeben und unter Rühren einmal aufkochen lassen. Dann den Topf von der Kochfläche nehmen, den Deckel daraufgeben und den Grieß 10 Minuten quellen lassen. Anschließend durchrühren und die Masse einige Minuten abkühlen lassen.

2 Paniermehl, Salz und Ei zugeben und gut unter die Grießmasse rühren. Den Teig 30 Minuten bei Zimmertemperatur ziehen lassen.

3 Die Brühe zum Kochen bringen. Dann die Hitze reduzieren, sodass die Brühe nicht mehr kocht. Nun aus dem Teig mit Hilfe von zwei Löffeln Klößchen formen: kleine mit zwei Teelöffeln, große mit zwei Esslöffeln. Die Klößchen in die Brühe einlegen: Kleine 10 Minuten ziehen lassen, große 20 Minuten. Die Brühe darf nicht kochen, sonst zerfallen die Klößchen!

4 Die Suppe mit Schnittlauchröllchen bestreuen.

Brotsalat

FÜR 4 PORTIONEN

Für die Brotwürfel

300 g glutenfreies Weißbrot oder Brötchen (ggf. laktosefrei)
♥ *auf Milchbestandteile achten*

5 EL Speiseöl

80 g Parmesan, gerieben
♥ *vegane Käsealternative, gerieben*

1 TL frischer Thymian, gehackt

Salz

Pfeffer

Für das Dressing

3 Knoblauchzehen, gepresst

3 EL Zitronen- oder Limettensaft

3 EL Speiseöl

1 TL Honig, Agavendicksaft oder Ahornsirup

Salz

Pfeffer

Für den Salat

300 g Kirschtomaten

1 Salatgurke

1 gelbe Paprikaschote

2 Frühlingszwiebeln

100 g Feldsalat

geröstete Pinienkerne nach Geschmack

1 Für die Brotwürfel Weißbrot oder Brötchen in 2-cm-Würfel schneiden. Alle Zutaten für die Brotwürfel in eine Schüssel geben und gut mischen. Die Masse auf ein mit Backpapier ausgelegtes Backblech geben und im vorgeheizten Backofen bei 160 °C Umluft etwa 22–25 Minuten goldbraun rösten, dabei ein- bis zweimal wenden. Auskühlen lassen.

2 Für das Dressing alle Zutaten gut verrühren und beiseitestellen.

3 Tomaten halbieren. Salatgurke schälen, von den Kernen befreien und in kleine Würfel schneiden. Die Kerne der Paprikaschote ebenfalls entfernen, Schote in kleine Würfel schneiden. Frühlingszwiebeln in feine Ringe schneiden. Das geschnittene Gemüse in eine Schüssel geben und mit dem Dressing mischen.

4 Dann den Feldsalat mit den Brotwürfeln locker unter den Salat mischen. Mit Pinienkernen bestreuen und sofort servieren.

Kürbis-Kokos-Cremesuppe

FÜR 4 PORTIONEN

400 g Hokkaido- oder Butternusskürbis

300 g Karotten

1 Zwiebel

1 EL Speiseöl

750 ml Gemüse- oder Fleischbrühe

200 ml Kokosmilch aus der Dose

1 EL Essig

Salz

Pfeffer

Currypulver nach Geschmack

gehackte Petersilie zum Bestreuen nach Geschmack

Für die Croûtons

2 Scheiben glutenfreies Weißbrot (ggf. laktosefrei)
♥ *auf Milchbestandteile achten*

1 EL Speiseöl

Salz

1 Für die Croûtons das Weißbrot klein würfeln. Öl in einer Pfanne erhitzen und die Weißbrotwürfel darin unter Rühren goldbraun rösten. Croûtons auf Küchenpapier abtropfen lassen. Mit Salz würzen.

2 Kürbis, Karotten und Zwiebel schälen, dann in grobe Würfel schneiden. Einen Hokkaidokürbis nur waschen, er muss nicht geschält werden.

3 Öl in einem großen Topf erhitzen und das Gemüse darin andünsten. Mit Brühe aufgießen und 15–20 Minuten köcheln lassen, bis das Gemüse weich ist. Anschließend fein pürieren.

4 Kokosmilch, Essig und Gewürze zur Suppe geben und nochmals erwärmen.

5 Die Suppe mit Petersilie bestreuen und mit den Croûtons servieren.

Die Kürbis-Kokos-Cremesuppe überzeugt durch ihr unnachahmliches Aroma. Die feine Kokosnote macht die Suppe zum absoluten Geschmackserlebnis.

Hirsesalat

FÜR 4 PORTIONEN
200 g Hirse
1 Bund glatte Petersilie
1 Bund frische Minze
2 Frühlingszwiebeln
1 rote Paprikaschote
½ reife Mango
1 EL Zitronensaft
3 EL Olivenöl
½ TL Pfeffer
Salz

1 Hirse mit 800 ml Wasser in einen Kochtopf geben und 5 Minuten köcheln lassen. Die Temperatur reduzieren und die Hirse 10 Minuten ausquellen lassen. Dann abgießen und auskühlen lassen.

2 Petersilie und Minze fein hacken. Frühlingszwiebeln, Paprika und Mango fein würfeln. Alle Zutaten in eine Schüssel geben und vermengen. Mit Salz abschmecken.

Variationen

Statt der Hirse können Sie auch Buchweizen (15 Minuten Kochzeit), Quinoa (20 Minuten Kochzeit) oder Vollkornreis (40 Minuten Kochzeit) verwenden.

Tipp

Die erfrischend leichte Salatvariation schmeckt gut als Beilage zu kurz gebratenem Fleisch oder als Hauptgericht mit Blattsalaten.

Lauchsuppe mit Hackfleisch

FÜR 8–9 PORTIONEN

100 g Frühstücksspeck, fein aufgeschnitten, dann fein gewürfelt

600 g gemischtes Hackfleisch

4 mittelgroße Karotten, sehr klein gewürfelt

4 mittelgroße Kartoffeln, sehr klein gewürfelt

5 Stangen Lauch, in feine Ringe geschnitten

1½ l Gemüse- oder Fleischbrühe

3 EL Petersilie, gehackt

400 ml Sahne (ggf. laktosefrei) ♥ *Kochsahneersatz auf Mandelbasis*

300 g Frischkäse (ggf. laktosefrei) ♥ *Frischkäseersatz auf Cashewbasis*

Salz

Pfeffer

1 Prise Muskatnuss

1 Frühstücksspeck in einen großen Topf (mind. 5 l Fassungsvermögen) geben und auf höchster Stufe glasig braten. Dann das Hackfleisch zugeben und krümelig anbraten.

2 Karotten, Kartoffeln, Lauch und Brühe zugeben und bei geschlossenem Deckel 20–25 Minuten weich dünsten.

3 Die Hitze auf die niedrigste Stufe reduzieren und Petersilie, Sahne und Frischkäse unterrühren. Die Suppe nicht mehr kochen lassen, sondern lediglich erwärmen.

4 Mit Salz, Pfeffer und Muskatnuss gut abschmecken.

Tipp

Das herzhafte Gericht kann als Vorspeise oder Hauptgericht serviert werden. Mit glutenfreiem Baguette als Beilage schmeckt die herrliche Lauchsuppe wunderbar herzhaft und sättigend zugleich.

Herzhafte Hauptspeisen

Pikant gefüllte Crêpes

FÜR 6 STÜCK

Für den Teig

100 g helle glutenfreie Mehlmischung auf Maisbasis

1 Prise Salz

2 Eier (Gr. L)

300 ml Milch (ggf. laktosefrei)
♥ *Mandel- oder Cashewdrink*

Fett oder Öl zum Ausbacken (ggf. laktosefrei)
♥ *auf Milchbestandteile achten*

Für die Füllung

etwa 100 g Eisbergsalat, Feldsalat oder Rucola

200 g Schmand (ggf. laktosefrei)
♥ *Schmandersatz auf Sojabasis*

200 g glutenfreie Mayonnaise (ggf. laktosefrei)
♥ *vegane Mayonnaise*

Salz

Pfeffer

6 Scheiben gekochter Schinken

einige Kapern – wer mag

1 Mehl, Salz und Eier in eine Rührschüssel geben. Nach und nach die Milch zugeben und mit einem Schneebesen oder Handrührgerät einen glatten Teig herstellen. 30 Minuten bei Zimmertemperatur ruhen lassen, so quillt das glutenfreie Mehl nach.

2 Anschließend den Teig portionsweise in eine leicht gefettete Pfanne geben und Crêpes jeweils von beiden Seiten goldbraun ausbacken.

3 Salat bei Bedarf klein schneiden. Schmand und Mayonnaise verrühren.

4 Jeweils 1 EL Schmand-Mayonnaise gleichmäßig auf 1 Crêpe streichen. Mit Salz und Pfeffer würzen, mit Schinken, Kapern und Salat belegen und Crêpe aufrollen.

Variation

Die Crêpes können je nach Geschmack auch mit Putenbrust, Thunfisch, gebratenem Hackfleisch, geriebenem Käse oder mit gekochten Eiern gefüllt werden.

Damwildbraten

FÜR 6 PORTIONEN

2 kg Damwildfleisch (Schulter, Schlegel oder Rollbraten), gerne auch 2 x 1 kg

1½ l Buttermilch (ggf. laktosefrei) ♥ *auf das Einlegen in Buttermilch verzichten*

2 EL Butterschmalz ♥ *Speiseöl*

2 Karotten, geschält und in kleine Stücke geschnitten

¼ Knollensellerie, klein geschnitten

3 Zwiebeln, geschält und geviertelt

1 Knoblauchzehe, geschält und geviertelt

2 EL Tomatenmark

250 ml Rotwein

500 ml Gemüse- oder Fleischbrühe

8 Wacholderbeeren

je ½ TL Zimt und Piment, gemahlen**, sowie Thymian und Rosmarin,** gehackt

4 Lorbeerblätter

1½–2 EL Mais- oder Reisstärke

2 EL Wildpreiselbeeren aus dem Glas

wer mag – **100 ml** Sahne (ggf. laktosefrei) ♥ *Mandelcuisine*

Schnittlauch nach Geschmack, geschnitten

1 Am Vortag das Fleisch in Buttermilch einlegen.

2 Am nächsten Tag das Fleisch aus der Buttermilch nehmen und abwaschen.

3 Butterschmalz in einer großen Pfanne erhitzen, Karotten, Sellerie, Zwiebeln und Knoblauch zugeben und gut anbraten, sodass Röstaromen entstehen. Dann das Tomatenmark zugeben und kurz mitbraten. Anschließend mit Rotwein und Brühe ablöschen und Wacholderbeeren, sämtliche Gewürze und Lorbeerblätter zugeben.

4 Das Fleisch in einen Bräter einlegen und das Gemüse-Rotwein-Gemisch komplett zugeben. Mit einem Deckel verschließen und im vorgeheizten Backofen bei 160 °C (Ober- und Unterhitze, auf der mittleren Schiene) 3½ Stunden garen. Zwischendurch den Flüssigkeitsstand kontrollieren und bei Bedarf etwas Rotwein, Brühe oder Wasser nachgießen – meist wird das aber nicht nötig sein.

5 Nach der Garzeit das Fleisch herausnehmen, evtl. vom Knochen lösen, aufschneiden und auf eine vorgewärmte Servierplatte oder in eine Pfanne legen.

6 Die Soße durch ein Sieb streichen. Stärke mit wenig kaltem Wasser anrühren, zur Soße geben und unter Rühren einmal aufkochen lassen. Wildpreiselbeeren einrühren, nicht mehr kochen lassen. Wer mag, kann Sahne zugeben, so entsteht eine feine Wildrahmsoße.

7 Soße über das Fleisch geben und mit Schnittlauchröllchen bestreuen.

Gebackener Blumenkohl

FÜR 4–6 PORTIONEN

2 Eier

180 g helle glutenfreie Mehlmischung auf Maisbasis

3 EL Speiseöl

1 TL Salz

gut 250 ml glutenfreies Bier (alternativ Wein oder Milch)

500 g Blumenkohl

Salz

Pfeffer

Fett oder Öl zum Ausbacken (ggf. laktosefrei)
♥ *auf Milchbestandteile achten*

einige EL helles glutenfreies Mehl zum Wenden

1 Für den Teig Eier, Mehl, Öl und Salz in eine Rührschüssel geben. Unter Rühren das Bier langsam zugießen, sodass ein glatter, geschmeidiger Teig entsteht. 30 Minuten bei Zimmertemperatur ruhen lassen. Nach der Ruhezeit soll die Konsistenz des Teiges cremig und nicht zu flüssig bzw. zu fest sein. Bei Bedarf mit etwas Mehl oder Flüssigkeit regulieren.

2 Blumenkohl in kleine Röschen teilen und in Salzwasser bissfest garen. Gut abtropfen lassen. Mit Salz und Pfeffer würzen.

3 Fett in einem Topf erhitzen.

4 Blumenkohlröschen in Mehl wenden, durch den Backteig ziehen und im heißen Fett frittieren. Auf Küchenpapier abtropfen lassen und sofort servieren.

Tipp

Mit Blattsalaten ist der gebackene Blumenkohl ein ideales Hauptgericht.

Gemüse-Quinoa-Bratlinge

FÜR 4 PORTIONEN

1 Stange Lauch
1 mittelgroße Karotte
200 g Quinoa im Ganzen
1 Zwiebel
Speiseöl zum Braten
½ TL Currypulver
400 ml Gemüsebrühe
200 g Champignons
100 g glutenfreies Paniermehl (ggf. laktosefrei)
♥ *auf Milchbestandteile achten*
3 Eier
Petersilie
Salz
Pfeffer

1. Lauch in dünne Ringe schneiden. Karotte fein raspeln. Quinoa in einem Sieb waschen und abtropfen lassen. Zwiebel fein schneiden.

2. Wenig Öl in einem Topf erhitzen und die Zwiebelwürfel darin andünsten. Quinoa und Curry zugeben und unter Rühren kurz rösten. Mit Brühe ablöschen und bei mittlerer Hitze 10 Minuten zugedeckt quellen lassen.

3. Unterdessen die Champignons putzen und klein würfeln.

4. Karotten und Lauch zur Quinoamasse geben und weitere 10 Minuten garen. Nach der Garzeit die Quinoamasse etwas abkühlen lassen.

5. Alle restlichen Zutaten zur Masse geben und mit Salz und Pfeffer würzen. Aus der Quinoamasse Bratlinge formen und nacheinander von beiden Seiden goldbraun ausbacken.

Tipp

Quinoa-Bratlinge mit saurer Sahne (bzw. Saure-Sahne-Ersatz auf Sojabasis) und Blattsalaten ergeben ein leckeres Hauptgericht.

Kabeljau mit Kräuterkruste

FÜR 4 PORTIONEN

400 g Kabeljaufilet

Salz

Pfeffer

2 EL Zitronensaft

1 Zwiebel

1 Knoblauchzehe

4 EL frische oder tiefgekühlte Petersilie

4 EL gemischte frische oder Tiefkühl-Kräuter (z. B. Thymian, Dill, Kresse, Kerbel, Schnittlauch, Sauerampfer, Borretsch, Pimpinelle), gehackt

30 g Butter **und** Butter für die Form (ggf. laktosefrei)
♥ *vegane Margarine*

35 g glutenfreies Paniermehl (ggf. laktosefrei)
♥ *auf Milchbestandteile achten*

150 ml Gemüse- oder Fleischbrühe

1. Kabeljaufilet mit Salz, Pfeffer und Zitronensaft würzen.

2. Zwiebel und Knoblauch in kleine Würfel schneiden, Petersilie und andere Kräuter fein hacken.

3. 30 g Butter in einer Pfanne erhitzen, Zwiebel- und Knoblauchwürfel darin glasig dünsten. Die Pfanne vom Herd nehmen, Paniermehl und Kräuter untermischen, mit Salz und Pfeffer würzen.

4. Eine Auflaufform buttern, die Fischfilets einlegen und mit der Kräutermasse bedecken. Brühe zugießen. Im vorgeheizten Backofen bei 180 °C (Ober- und Unterhitze, auf der mittleren Schiene) etwa 15–20 Minuten garen, je nach Dicke der Fischfilets. Bei Bedarf noch etwas Brühe angießen.

Tipp

Als Beilage schmecken Kartoffelbrei, Kartoffelgratin, Salzkartoffeln und Blattsalate.

Hackbraten

FÜR 4 PORTIONEN

Für den Fleischteig

800 g gemischtes Hackfleisch

1 TL Salz

1 Zwiebel, gehackt

½ Bund Petersilie, gehackt

20 g Fett oder Öl zum Braten (ggf. laktosefrei)
♥ *auf Milchbestandteile achten*

2 EL glutenfreies Paniermehl (ggf. laktosefrei)
♥ *auf Milchbestandteile achten*

2 EL Emmentaler, gerieben
♥ *veganer Käseersatz*

1 Ei

1 Prise Majoran

1 Prise Muskatnuss

½ TL Pfeffer

100 g Frühstücksspeck, in dünne Scheiben geschnitten, zum Belegen

Für die Soße

250 ml heiße Fleischbrühe

1 Zwiebel, geviertelt

1 Tomate, geviertelt

1 große Karotte, grob geschnitten

3 EL Schmand (ggf. laktosefrei)
♥ *Kochsahneersatz auf Mandelbasis*

1 Hackfleisch mit Salz gut durchkneten.

2 Zwiebel und Petersilie im heißen Fett andünsten, etwas abkühlen lassen und zum Hackfleisch geben. Alle übrigen Fleischteigzutaten, bis auf den Frühstücksspeck, zugeben und gut miteinander vermengen.

3 Den Fleischteig zu einem ovalen Braten formen, mit Frühstücksspeck rundum belegen und in einen Bräter legen.

4 Brühe, Zwiebel, Tomate und Karotte um den Braten geben, Bräter mit einem Deckel verschließen und alles im vorgeheizten Backofen bei 220 °C (Ober- und Unterhitze, auf der mittleren Schiene) etwa 1–1½ Stunden braten. Dann den Hackbraten herausnehmen und warm stellen.

5 Den Bratenrückstand mit dem Gemüse pürieren, bei Bedarf noch etwas Wasser zugeben. Einmal aufkochen lassen. Den Schmand einrühren, aber nicht mehr kochen lassen.

Herzhafter Gnocchi-Auflauf

FÜR 2–3 PORTIONEN

1 EL Speiseöl

1 Zwiebel, klein gewürfelt

250 g gemischtes Hackfleisch

1 Paprikaschote, klein gewürfelt

1 Karotte, klein gewürfelt

50 g Erbsen

50 g Tomatenmark

200 ml Sahne (ggf. laktosefrei)
♥ *Kochsahneersatz auf Mandelbasis*

250 ml Gemüsebrühe

1½ TL edelsüßes Paprikapulver

Salz

Pfeffer

2 EL Petersilie, gehackt

500 g glutenfreie Gnocchi, vorgekocht

150 g Käse **wie Mozzarella, Emmentaler oder Gouda,** gerieben (ggf. laktosefrei)
♥ *veganer Käseersatz für Streukäse*

50 g Parmesan, gerieben
♥ *veganer Käseersatz für Parmesan*

1 Öl in einer Pfanne erhitzen, Zwiebel und Hackfleisch zugeben und bröselig braten.

2 Paprika, Karotte, Erbsen und Tomatenmark zugeben, kurz mitbraten, dann Sahne, Brühe, Paprikapulver, Salz, Pfeffer und Petersilie unterrühren. Topf von der Kochstelle nehmen.

3 Gnocchi in eine Auflaufform geben und die Soße darauf verteilen.

4 Käse und Parmesan mischen und über die Soße streuen. Im vorgeheizten Backofen auf mittlerer Schiene bei 180 °C Ober- und Unterhitze 25–30 Minuten überbacken.

Tipp

Blattsalate sind eine feine Beilage zum Gnocchi-Auflauf.

Käseknödel

FÜR 10 KNÖDEL

300 g glutenfreies Weißbrot oder Brötchen (ggf. laktosefrei)
♥ *auf Milchbestandteile achten*

1 Zwiebel, sehr klein gewürfelt

2 EL Petersilie, fein gehackt

1 EL Speiseöl

250 ml Milch (ggf. laktosefrei)
♥ *Cashewdrink*

300 g Emmentaler, klein gewürfelt
♥ *veganer Käseersatz*

4–6 EL glutenfreies Paniermehl (ggf. laktosefrei)
♥ *auf Milchbestandteile achten*

4 Eier (Gr. M)

Salz

1 Prise Muskatnuss

Außerdem

60 g Butter (ggf. laktosefrei)
♥ *vegane Margarine*

100 g Parmesan, gerieben
♥ *veganer Käseersatz*

1 Brot oder Brötchen würfeln.

2 Zwiebelwürfel, Petersilie und Öl in eine Pfanne geben und glasig dünsten. Auskühlen lassen.

3 Milch, Käsewürfel, Zwiebelgemisch, vorerst 4 EL Paniermehl, Eier, Salz und Muskatnuss zu den Brötchenstücken geben und alles vermengen. 20 Minuten ruhen lassen, so quillt das Paniermehl auf und der Teig wird fester. Ist er nach der Ruhezeit zu weich, mehr glutenfreies Paniermehl für eine gute Formbarkeit untermischen. 10 ovale Knödel formen.

4 Die Knödel in einem Topf mit Dämpfeinsatz 15–20 Minuten garen. Alternativ in heißes, nicht kochendes Salzwasser einlegen und knapp unter dem Siedepunkt 20 Minuten ziehen lassen. Achtung: Kochen die Knödel auf, zerfallen sie leicht! Die fertigen Knödel mit einem Schaumlöffel aus dem Wasser nehmen und abtropfen lassen.

5 Butter in einer Pfanne erhitzen und die Knödel darin schwenken.

6 Käseknödel mit frisch geriebenem Parmesan bestreuen.

Tipp

Geröstete Zwiebelringe sind eine wunderbare Ergänzung zu diesem Gericht.

Lasagne

FÜR 4 PORTIONEN

Für die Bolognesesoße

1 Zwiebel, gehackt

1 Knoblauchzehe, gehackt

1 Karotte, klein gewürfelt

4 EL Speiseöl

300 g gemischtes Hackfleisch

500 g geschälte Tomaten aus der Dose

1 TL edelsüßes Paprikapulver

1 TL frisches oder getrocknetes Basilikum

Salz

Pfeffer

Für die Béchamelsoße

35 g Butter (ggf. laktosefrei) ♥ *vegane Margarine*

35 g helle glutenfreie Mehlmischung

500 ml Milch (ggf. laktosefrei) ♥ *ungesüßter Mandeldrink*

Salz

weißer Pfeffer

Außerdem

250 g glutenfreie Lasagneblätter

200 g Käse (z. B. Emmentaler oder Mozzarella), gerieben (ggf. laktosefrei) ♥ *veganer Käseersatz*

50 g Parmesan, gerieben ♥ *veganer Käseersatz*

Fett oder Öl für die Form (ggf. laktosefrei) ♥ *auf Milchbestandteile achten*

1 Für die Bolognesesoße Zwiebel, Knoblauch und Karotte in einer Pfanne mit Öl andünsten. Das Hackfleisch zugeben und bröselig braten. Alle restlichen Zutaten für die Bolognesesoße zugeben und bei milder Hitze etwa 30 Minuten köcheln lassen. Immer wieder umrühren.

2 Für die Béchamelsoße Butter in einem Topf zerlassen, das glutenfreie Mehl darin anschwitzen. Den Topf von der Kochstelle nehmen und die Milch unter Rühren mit dem Schneebesen zugeben. Die Soße einmal aufkochen lassen, dann die Hitze reduzieren. Die Soße auf kleinster Flamme etwa 20 Minuten quellen lassen, immer wieder umrühren. Mit Salz und weißem Pfeffer würzen.

3 Eine flache rechteckige Auflaufform befetten und mit Lasagneblättern auslegen. Manchmal ist ein Vorkochen notwendig, dazu die Packungsaufschrift beachten. Nudelblätter mit etwas Bolognesesoße bedecken, darauf einige EL Béchamelsoße und etwas geriebenen Käse verteilen. Nun wieder eine Schicht Nudelblätter einlegen und entsprechend weiterverfahren, bis die Zutaten aufgebraucht sind. Mit einer Schicht Soße abschließen. Die Lasagne mit dem geriebenen Parmesan bestreuen und bei 200 °C (Ober- und Unterhitze, auf der mittleren Schiene) etwa 30–35 Minuten backen.

Pikantes Rindergulasch

FÜR 6 PORTIONEN

1½ kg Rindfleisch für Gulasch

2 EL Butterschmalz ♥ *Speiseöl*

3 große Zwiebeln, klein gewürfelt

1 große Karotte, klein gewürfelt

1 kleines Stück Knollensellerie, klein gewürfelt

2½ EL Tomatenmark

300 ml Rotwein

500 ml Fleischbrühe

6 Wacholderbeeren

6 Nelken

1 Prise Muskatnuss

½ TL Majoran

½ TL Thymian

½ TL Zimt

Salz

Pfeffer

5 EL Wildpreiselbeeren aus dem Glas

20 g Reis- oder Maisstärke (keine Kartoffelstärke!)

wer mag – **100 ml** Sahne (ggf. laktosefrei) ♥ *Mandelcuisine*

1 Das Fleisch in mundgerechte Stücke schneiden.

2 Butterschmalz in einem Schmortopf oder Bräter erhitzen und das Fleisch portionsweise darin von allen Seiten braten und wieder herausnehmen.

3 Dann Zwiebeln, Karotte und Sellerie in den Topf geben und gut braten. Tomatenmark ebenfalls zugeben und kurz mitbraten lassen. Mit Rotwein ablöschen und dabei den Bratensatz lösen.

4 Fleischwürfel, Brühe, Wacholderbeeren, Nelken, Muskatnuss, Majoran, Thymian und Zimt zugeben, gut verrühren. Bei geschlossenem Deckel etwa 3 Stunden schmoren lassen. Immer wieder prüfen, ob noch ausreichend Flüssigkeit im Topf ist. Bei Bedarf Rotwein oder Brühe zugeben.

5 Mit Salz und Pfeffer abschmecken. Wildpreiselbeeren unterrühren.

6 Die Stärke mit wenig Wasser anrühren und unter das Gulasch mengen. Unter Rühren einmal aufkochen lassen.

7 Wer mag, rührt die Sahne unter. Das Gulasch nicht mehr kochen lassen.

Gerollte Maultaschen

FÜR 4 PORTIONEN (ETWA 20 STÜCK)

Für den Nudelteig

300 g helle glutenfreie Mehlmischung und glutenfreies Mehl für die Arbeitsfläche

½ TL Xanthan

½ TL Salz

2 Eier

1 Eiweiß

1 EL Speiseöl

1 Eigelb zum Bepinseln

Für die Füllung

1 Scheibe glutenfreies Toastbrot (ggf. laktosefrei)
♥ *auf Milchbestandteile achten*

Speiseöl zum Dünsten

½ Zwiebel, gehackt

1 Knoblauchzehe, gehackt

125 g Spinat, gehackt

25 g durchwachsener Speck, klein gewürfelt

200 g gemischtes Hackfleisch

200 g Kalbsbrät

2 Eier

Salz, Pfeffer, Majoran, Muskatnuss nach Geschmack

1 Die trockenen Zutaten für den Teig in eine Schüssel geben und mischen. Die restlichen Zutaten zugeben und alles zu einem glatten Teig kneten. Bei Bedarf je nach Mehlmischung 25–50 ml Wasser einmengen. Den Teig in Frischhaltefolie wickeln und bei Zimmertemperatur 20 Minuten ruhen lassen.

2 Für die Füllung das Toastbrot in Wasser einweichen. Wenig Öl in einer Pfanne erhitzen und Zwiebel, Knoblauch und Spinat darin weich dünsten, auskühlen lassen. Das Toastbrot ausdrücken mit allen Zutaten für die Füllung gut vermengen, kräftig mit Salz, Pfeffer, Majoran und Muskatnuss würzen.

3 Den Teig auf einer bemehlten Arbeitsfläche zu einem sehr großen und dünnen Rechteck ausrollen. Die Füllung gleichmäßig darauf verteilen und die Teigränder mit Eigelb bepinseln. Den Teig von der Längsseite her aufrollen und etwa 2 cm breite Scheiben abschneiden.

4 In einem Topf Salzwasser zum Sieden bringen. Die Maultaschenröllchen einlegen und die Hitze sofort etwas reduzieren. Maultaschen 15–20 Minuten ziehen lassen. Dann mit einem Schaumlöffel aus dem Wasser nehmen.

Tipps

Als Hauptspeise die Maultaschen kurz in einer Pfanne mit etwas Butter braten und mit Kartoffel- oder Blattsalat servieren.
Als Suppeneinlage reicht die halbe Rezeptmenge für vier Portionen.

Süßsaure Putenkeule

FÜR 3–4 PORTIONEN

1 kg Putenunterkeulen

Salz

Fett oder Öl zum Braten (ggf. laktosefrei)
♥ *auf Milchbestandteile achten*

35 g Zucker

2 Zwiebeln, grob gewürfelt

3 EL Essig

1 TL mittelscharfer Senf

1 TL Rosmarin, gehackt

1 TL edelsüßes Paprikapulver

je 1 Prise Nelkenpulver, Zimt, Knoblauchpulver, Cayennepfeffer und weißer Pfeffer

200 ml Sahne (ggf. laktosefrei)
♥ *Kochsahneersatz auf Mandelbasis*

1 Die Putenunterkeulen mit Salz einreiben. Fett in einem Bräter erhitzen, die Putenkeulen von allen Seiten darin anbraten und dann herausnehmen.

2 Zucker im Bratfett kurz karamellisieren lassen. Zwiebelwürfel darin andünsten und 375 ml Wasser, Essig, Senf, Rosmarin, Paprikapulver und die übrigen Gewürze zugeben und verrühren.

3 Die Putenkeulen in die Flüssigkeit einlegen, den Bräter mit einem Deckel verschließen und die Keulen im vorgeheizten Backofen bei 180 °C (Ober- und Unterhitze, auf der mittleren Schiene) etwa 1½–2 Stunden schmoren lassen. Bei Bedarf etwas Wasser zufügen.

4 Die Putenkeulen aus dem Bräter nehmen. Die Soße pürieren und mit der Sahne vermengen. Dann erwärmen und mit Salz und Pfeffer abschmecken. Das Fleisch von den Keulen lösen und mit der Soße servieren.

Tipp

Kartoffelknödel, Semmelknödel oder Schupfnudeln eignen sich wunderbar als Beilage.

Seelachs in Kräuterrahm

FÜR 4 PORTIONEN

4 Seelachsfilets (etwa 600–700 g)

Salz

Pfeffer

2 TL Zitronensaft

200 g Schmand (ggf. laktosefrei)
♥ *Schmandersatz auf Sojabasis*

1 EL Dill

1 EL Schnittlauch, geschnitten

1 EL Kresse

Salz

Fett oder Öl für die Form (ggf. laktosefrei)
♥ *auf Milchbestandteile achten*

4 dünne Scheiben geräucherter Frühstücksspeck

1 Die Fischfilets säubern und mit Salz, Pfeffer und Zitrone einreiben.

2 Schmand mit den Kräutern vermengen und mit Salz abschmecken.

3 Eine Auflaufform fetten. Die Fischfilets hineinlegen und 1 TL Kräuterrahm auf jedem Filet verteilen. Mit Frühstücksspeck belegen, restlichen Kräuterrahm darüberstreichen.

4 Die Form abdecken und die Filets im Backofen bei 200 °C (Ober- und Unterhitze, auf der mittleren Schiene) etwa 35–40 Minuten garen.

Tipp

Salzkartoffeln oder Kartoffelpüree harmonisieren bestens mit dem Kräuterlachs.

Putengeschnetzeltes mit Senf

FÜR 4 PORTIONEN

600 g Putenbrustfleisch

175 g Champignons

etwas Speiseöl zum Braten

1 EL süßer Senf

½ TL mittelscharfer Senf

350 ml Gemüse- oder Fleischbrühe

100 ml Sahne (ggf. laktosefrei)
♥ *Kochsahneersatz auf Reis- oder Mandelbasis*

Speisestärke zum Binden – optional

Salz

Pfeffer

Schnittlauch, geschnitten, nach Geschmack

1. Die Putenbrust klein schneiden.
2. Die Pilze säubern und in Scheiben schneiden.
3. Öl erhitzen und das Fleisch portionsweise jeweils 5–6 Minuten anbraten und dann warm stellen.
4. Die Champignons im Öl unter Rühren etwa 3 Minuten braten. Senf, Brühe und Sahne einrühren. Bei geringer Hitze etwas köcheln lassen. Nach Bedarf mit in wenig Wasser gelöster Speisestärke binden.
5. Putenfleisch zufügen und erhitzen. Mit Salz und Pfeffer abschmecken und mit Schnittlauchröllchen bestreuen.

Tipp

Als Beilage passen Reis, glutenfreie Nudeln oder Spätzle.

Rinderrouladen

FÜR 4 PORTIONEN

Für die Rouladen

20 g Butterschmalz ♥ *Speiseöl*

1 Zwiebel, gehackt

1 Bund Petersilie, gehackt

4 große dünne Scheiben Rindfleisch aus der Oberschale

Salz

Pfeffer

2 EL mittelscharfer Senf

8 dünne Scheiben durchwachsener Speck

2 Essiggurken, längs halbiert

Für die Soße

40 g Butterschmalz ♥ *Speiseöl*

1 Zwiebel, geviertelt

1 Karotte, grob geschnitten

1 EL Tomatenmark

50 ml trockener Rotwein

etwa 375 ml Fleischbrühe

bei Bedarf 2 TL Speisestärke

1 Butterschmalz oder Öl in einer Pfanne erhitzen, Zwiebel und Petersilie darin andünsten und beiseitestellen.

2 Fleischscheiben flach ausbreiten, salzen, pfeffern und dünn mit Senf bestreichen. Die gedünstete Zwiebel-Petersilien-Masse darauf verteilen. Jedes Fleischstück mit zwei Scheiben Speck belegen. An einem Ende mit je einer halben Gurke belegen und aufrollen. Mit Rouladennadeln oder Holzspießchen feststecken oder mit Küchengarn zusammenbinden.

3 In einem Schmortopf Butterschmalz oder Öl erhitzen, Rouladen von allen Seiten scharf anbraten, Zwiebel, Karotte und Tomatenmark mitbräunen. Mit Rotwein ablöschen und so viel Brühe aufgießen, bis die Rouladen halb bedeckt sind. Zugedeckt bei schwacher Hitze 1½ Stunden schmoren lassen. Nach der halben Garzeit die Rouladen wenden, bei Bedarf Brühe aufgießen.

4 Rouladen herausnehmen, Küchengarn entfernen. Die Soße durchpassieren, dann einmal aufkochen lassen. Bei Bedarf mit in Wasser gelöster Speisestärke binden. Hierzu die Speisestärke mit 3 EL kaltem Wasser anrühren und unter die Soße rühren, einmal aufkochen lassen.

5 Rouladen in einer vorgewärmten Schüssel anrichten, mit Soße übergießen.

Tipp

Rinderrouladen mit glutenfreien Eierspätzle, Semmelknödeln oder Salzkartoffeln sind ein Festessen für Fans der klassischen Küche.

KAMP

Königsberger Klopse in Kapernsoße

FÜR 4 PORTIONEN

Für den Fleischteig

1 Zwiebel, gehackt

1 Bund Petersilie, fein gehackt

20 g Fett oder Öl zum Braten (ggf. laktosefrei)
♥ *auf Milchbestandteile achten*

600 g gemischtes Hackfleisch

4 Sardellenfilets, fein geschnitten

2 EL glutenfreies Paniermehl (ggf. laktosefrei)
♥ *auf Milchbestandteile achten*

1 Ei

1 TL mittelscharfer Senf

1 TL Salz

½ TL weißer Pfeffer

1 Prise Muskatnuss

1 Prise Majoran

Für die Kapernsoße

30 g Butter (ggf. laktosefrei)
♥ *vegane Margarine*

40 g helle glutenfreie Mehlmischung

500 ml Fleischbrühe bei Bedarf

Salz

weißer Pfeffer

1 Prise Zucker

2 EL trockener Weißwein

1½ EL Kapern

4 EL Sahne (ggf. laktosefrei)
♥ *Kochsahneersatz auf Mandelbasis*

1 Für den Fleischteig Zwiebel und Petersilie in Fett dünsten. Abkühlen lassen.

2 Dann mit allen anderen Zutaten für den Fleischteig gut verkneten. Mit nassen Händen 12 Klopse (Knödel) formen. Salzwasser zum Kochen bringen, die Klopse knapp unter dem Siedepunkt 20 Minuten garen. Mit dem Schaumlöffel herausnehmen. Garflüssigkeit beiseitestellen.

3 Für die Kapernsoße Butter und Mehl in eine große Pfanne geben und unter Rühren hell rösten. Unter Rühren langsam Garflüssigkeit oder Brühe angießen. Mit Salz, Pfeffer, Zucker und Wein abschmecken, 10 Minuten köcheln lassen.

4 Kapern und Sahne unter die Soße rühren, nicht mehr kochen lassen.

5 Klopse in einer vorgewärmten Schüssel anrichten, Kapernsoße darübergießen.

Tipp

Als klassische Beilage werden zu den Klopsen gerne Salzkartoffeln oder Kartoffelbrei gereicht. Probieren Sie es aber auch einmal mit Roter Bete – eine feine Sache.

Klassische Soßen & Dressings

Kräutersoße

FÜR 4 PORTIONEN

500 ml Gemüse- oder Fleischbrühe

20 g Butter (ggf. laktosefrei)
♥ *vegane Margarine*

4 EL Kräuter wie Petersilie, Schnittlauch, Dill, Kerbel, Estragon, fein geschnitten

Salz

weißer Pfeffer

25 g Speisestärke

2 EL Sahne (ggf. laktosefrei)
♥ *Kochsahneersatz auf Sojabasis*

1 Brühe in einem Topf erhitzen und Butter darin schmelzen. Kräuter, Salz und Pfeffer zugeben.

2 Die Speisestärke in 3 EL kaltem Wasser auflösen und zur Soße rühren. Unter Rühren einmal aufkochen lassen, bis die Soße sämig wird.

3 Anschließend die Sahne einrühren, Soße nicht mehr kochen lassen.

Die Kräutersoße passt zu Fleisch, Fisch und Gemüse. Milch statt Sahne macht sie bekömmlicher.

Tipp

Verschiedene Kräuter verleihen der köstlichen Soße eine besonders aromatische Note. Wandeln Sie gerne die Menge der angegebenen Kräuter ab und stellen Sie so Ihre liebste Kräutersoße her.

Hackfleischsoße

FÜR 4 PORTIONEN

5 EL Speiseöl

50 g durchwachsener Speck, klein gewürfelt

2 rote Paprikaschoten, sehr fein geschnitten

2 Zwiebeln, gehackt

1 Knoblauchzehe, gehackt

500 g gemischtes Hackfleisch

5 EL Tomatenmark

600 ml Fleischbrühe

½ TL Oregano

½ TL edelsüßes Paprikapulver

1 Prise Thymian

Salz

Pfeffer

100 ml Sahne (ggf. laktosefrei)
♥ *Kochsahneersatz auf Mandelbasis*

1 Das Öl in einer Pfanne erhitzen und den Speck darin auslassen. Paprika, Zwiebeln und Knoblauch zugeben und andünsten. Hackfleisch zugeben und bröselig anbraten. Tomatenmark mit in die Pfanne geben und kurz anrösten.

2 Fleischbrühe zugießen und mit sämtlichen Gewürzen verfeinern. Etwa 35–45 Minuten bei schwacher Hitze köcheln lassen, immer wieder umrühren.

3 Die Sahne unter die Soße rühren und mit Pasta oder Reis servieren.

Tipp

Die wohl beliebteste Soße zu Pasta und Reis lässt sich unkompliziert zubereiten, gelingt immer und sorgt für ein unnachahmliches Geschmackserlebnis.

Klassische Jägersoße

FÜR 3–4 PORTIONEN

3 EL Speiseöl

2 Zwiebeln, gehackt

125 g Champignons, frisch oder aus dem Glas, geviertelt

1 EL Tomatenmark

125 ml trockener Rotwein

250 ml Fleischbrühe

1 EL Petersilie, gehackt

1 Prise Zucker

1 EL Schmand (ggf. laktosefrei)
♥ *Schmandersatz auf Sojabasis*

1 Das Öl in einer Pfanne erhitzen. Die Zwiebeln und Champignons zugeben und unter Rühren kurz anbraten.

2 Das Tomatenmark zugeben und ebenfalls kurz mitbraten. Mit Rotwein und Brühe ablöschen. Die Soße etwa 15–20 Minuten einköcheln lassen, dabei immer wieder umrühren.

3 Petersilie, Zucker und Schmand einrühren, Soße nicht mehr kochen lassen.

Diese klassische Jägersoße passt hervorragend zu Schnitzel oder gegrilltem Fleisch. Sie schmeckt aber auch als vegetarische Variante zu Semmelknödeln hervorragend.

Tipp

Wer es besonders sämig mag, rührt 1 TL Speisestärke in etwas Wasser an, gibt das Gemisch zur Sauce und lässt diese einmal aufkochen.

Meerrettichsoße

FÜR 4 PORTIONEN

300 g frischer Meerrettich

70 g Butter (ggf. laktosefrei)
♥ *vegane Margarine*

15 g helle glutenfreie Mehlmischung

250 ml Gemüse- oder Fleischbrühe

250 ml Milch (ggf. laktosefrei)
♥ *Cashewdrink*

2 EL Sahne (ggf. laktosefrei)
♥ *Kochsahneersatz auf Reisbasis*

Salz

1 Prise Zucker

1 Den Meerrettich fein reiben.

2 Butter in einer Pfanne erhitzen, Mehl einstreuen und unter Rühren kurz mitbraten. Den geriebenen Meerrettich zugeben und 5 Minuten dünsten.

3 Den Topf von der Kochstelle nehmen und alle restlichen Zutaten einrühren. Die Soße unter Rühren einmal aufkochen lassen.

Meerrettichsoße ist die klassische Beilage zu Tafelspitz, schmeckt aber auch zu kurz gebratenem Fleisch und Gemüse köstlich.

Tipp

Für eine schnelle Meerrettichsoße verwendet man Tafel-Meerrettich aus dem Glas. Achtung: Beachten Sie die Zutatenliste bezüglich des Glutens!

Béchamelsoße

FÜR 4 PORTIONEN

500 ml Milch (ggf. laktosefrei)
♥ *ungesüßter Mandeldrink*

40 g Butter (ggf. laktosefrei)
♥ *vegane Margarine*

Salz

weißer Pfeffer

30 g Speisestärke

1 Die Milch in einem Topf erhitzen und die Butter darin schmelzen. Mit Salz und Pfeffer würzen.

2 Die Speisestärke in 4 EL Wasser auflösen und in die Soße einrühren. Einmal aufkochen lassen.

Diese cremige Basissoße ist ideal als Beilage und zum Überbacken von Kartoffel-, Nudel-, Gemüse-, Fisch- oder Fleischgerichten.

Tipp

Für eine besonders cremige Béchamelsoße rühren Sie gerne zum Schluss 1–2 EL Sahne oder Mandelcuisine unter.

Rotweinsoße

FÜR 4 PORTIONEN

250 ml Rotwein

2 Zwiebeln, gehackt

6 Pfefferkörner, zerdrückt

½ TL Thymian

1 Lorbeerblatt

375 ml Fleischbrühe

2–3 TL Speisestärke

20 g Butterflöckchen (ggf. laktosefrei) ♥ *vegane Margarine*

Salz

1 Prise Zucker

1 EL Zitronensaft

1 Prise Cayennepfeffer

1 Rotwein, Zwiebeln, Pfefferkörner, Thymian und Lorbeerblatt in einen Topf geben und die Flüssigkeit bei mittlerer Hitze auf die Hälfte reduzieren lassen. Brühe angießen und nochmals etwas einköcheln lassen.

2 Die Soße durch ein Sieb gießen.

3 Die Speisestärke mit etwas kaltem Wasser anrühren und mit dem Schneebesen in die Soße rühren, einmal aufkochen lassen. Topf vom Herd nehmen und die Butterflöckchen unterrühren.

4 Mit Salz, Zucker, Zitronensaft und Cayennepfeffer abschmecken.

Nicht nur optisch überzeugt die herrliche Rotweinsoße auf ganzer Linie. Verschiedene aromatische Zutaten sorgen dafür, dass sie auch überaus fein schmeckt.

Tipp

Die aromatische Soße verfeinert jedes kurz gebratene Fleisch.

Zucker

Kräutermarinade

FÜR 4 PORTIONEN

3 EL frische Kräuter wie Schnittlauch, Petersilie, Dill, Basilikum

1 kleine Zwiebel

4 EL Speiseöl

3 EL Essig

1 TL Senf

¼ TL Salz

¼ TL Zucker

1 Kräuter und Zwiebel fein hacken.

2 Alle Zutaten mit dem Schneebesen zu einer sämigen Marinade verrühren.

Ersetzen Sie Speiseöl durch Sahne oder Mandelcuisine, so erhalten Sie eine unnachahmlich feine und sahnige Kräutermarinade.

Joghurtdressing

FÜR 4 PORTIONEN

1 EL frische Kräuter wie Schnittlauch, Petersilie, Dill, Basilikum

80 g Joghurt (ggf. laktosefrei)
♥ *Joghurtersatz auf Kokosbasis*

4 EL Speiseöl

2 EL Essig

½ TL Salz

¼ TL weißer Pfeffer

1 Prise Zucker

1 Kräuter klein hacken.

2 Alle Zutaten mit dem Schneebesen cremig rühren.

Tipp

Der perfekte Begleiter für gesunde Blattsalate – herrlich erfrischend und wohlschmeckend zugleich.

Treue Begleiter

Eierspätzle

FÜR 4 PORTIONEN

180 g helle glutenfreie Mehlmischung auf Maisbasis

4 Eier (Gr. L)

Salz

1 Das Mehl in eine Schüssel geben. Eier und Salz zufügen und mit dem Handrührgerät oder einem Kochlöffel zu einem glatten Teig verrühren, 30 Minuten bei Zimmertemperatur ruhen lassen.

2 Den Teig nochmals durchrühren, er soll eine zähe Konsistenz aufweisen, sonst zerfallen die Spätzle im Wasser. Bei Bedarf etwas glutenfreies Mehl unterrühren.

3 Salzwasser in einem hohen Topf zum Kochen bringen und den Teig portionsweise von einem befeuchteten Schneidbrett „hineinschaben" bzw. mit einer Spätzlepresse hineindrücken. Sobald die Spätzle an der Oberfläche schwimmen mit dem Schaumlöffel herausnehmen und in einen Topf mit Siebeinsatz geben, warm stellen. So verfahren, bis der Teig aufgebraucht ist.

Variationen

Käsespätzle

Die Spätzle mit 150 g geriebenem Emmentaler mischen und in eine Auflaufform füllen. Im vorgeheizten Backofen bei 180 °C (Ober- und Unterhitze, auf der mittleren Schiene) etwa 10–15 Minuten erwärmen, bis der Käse geschmolzen ist. Mit Röstzwiebeln servieren. Hierzu 1–2 Zwiebeln in dünne Ringe schneiden. Öl in einer Pfanne erhitzen und die Zwiebelringe darin goldbraun braten. Als Beilage eignet sich Blattsalat.

Spinatspätzle

300 g gehackten Tiefkühl-Spinat auftauen lassen. Das Wasser aus dem Spinat drücken und diesen mit allen Zutaten für den Teig verrühren. Der Teig soll nach der Ruhezeit seine zähe Konsistenz behalten, bei Bedarf noch etwas glutenfreies Mehl unterrühren. Spinatspätzle dienen wie Eierspätzle als Beilage oder können zu Käsespätzle verarbeitet werden.

Pikante Hefeknödel

FÜR 6 PORTIONEN

250 g glutenfreies Weißbrot oder Brötchen (ggf. laktosefrei)
♥ *auf Milchbestandteile achten*

1 Zwiebel

1 Bund Petersilie

75 g Butter (ggf. laktosefrei)
♥ *vegane Margarine*

½ Würfel Frischhefe oder 1 Pkg. Trockenhefe

350 ml lauwarme Milch (ggf. laktosefrei)
♥ *Cashew- oder Mandeldrink*

450 g helle glutenfreie Mehlmischung auf Maisbasis

½ gestrichener TL Xanthan

1 TL Salz

4 Eier

glutenfreies Mehl zum Formen

1 Das Weißbrot bzw. die Brötchen in kleine Würfel schneiden und in einer Pfanne ohne Fett anrösten, beiseitestellen.

2 Die Zwiebel schälen und klein würfeln, die Petersilie klein schneiden. Butter in einer Pfanne zerlassen, Zwiebel und Petersilie zugeben und glasig dünsten.

3 Frisch- oder Trockenhefe in der lauwarmen Milch auflösen.

4 Mehl, Xanthan und Salz mischen, dann Hefemilch und Eier zugeben und einen glatten Teig herstellen. Zwiebel und Weißbrotwürfel zugeben und alles vermengen. Zugedeckt an einem warmen Ort etwa 45 Minuten ruhen lassen.

5 Salzwasser in einem hohen Topf zum Kochen bringen.

6 Den Teig mit großzügig bemehlten Händen teilen und mit Hilfe des Mehls zwei große, längliche Knödel formen. Diese jeweils in eine 3-l-Gefriertüte geben und mit der offenen Seite nach oben in das kochende Wasser einlegen. Die Hitze reduzieren und einen Deckel auflegen. Knapp am Siedepunkt etwa 20 Minuten garen.

7 Dann die beiden Knödel aus den Tüten direkt in das Wasser geben und weitere 20 Minuten garen. Die Knödel zwischendurch wenden.

8 Mit dem Schaumlöffel herausnehmen und heiß servieren.

Tipp

Hefeknödel eignen sich als Beilage zu Bratengerichten aller Art. Je nach Geschmack können sie auch ohne Zwiebel und Petersilie zubereitet werden.

Kartoffelgratin

FÜR 4 PORTIONEN

Butter für die Form (ggf. laktosefrei) ♥ *vegane Margarine*

800 g Kartoffeln

Salz

Pfeffer

150 g Emmentaler (ggf. laktosefrei), gerieben ♥ *veganer Käseersatz*

250 ml Sahne (ggf. laktosefrei) ♥ *Kochsahneersatz auf Mandelbasis*

250 ml Milch (ggf. laktosefrei) ♥ *ungesüßter Hirse- oder Mandeldrink*

1 Prise Muskatnuss

1 Eine Auflaufform buttern.

2 Die Kartoffeln schälen und in dünne Scheiben hobeln. Schuppenartig in die Form schichten, dabei jede Schicht mit Salz, Pfeffer und etwas geriebenem Käse bestreuen. Etwa 3 EL Käse für den Belag beiseitestellen.

3 Sahne, Milch, etwas Salz, Pfeffer und Muskatnuss verquirlen und über die Kartoffeln gießen. Den restlichen Käse darüberstreuen.

4 Im vorgeheizten Backofen bei 220 °C (Ober- und Unterhitze, auf der mittleren Schiene) etwa 55–60 Minuten backen.

Tipp

Der delikate Kartoffelauflauf schmeckt hervorragend zu kurzgebratenem Fleisch. Auch als vegetarisches Hauptgericht mit Blattsalaten ist der cremige Auflauf vorzüglich.

Rahmspinat

FÜR 4 PORTIONEN

1 kg frischer Spinat

Salz

25 g Butter (ggf. laktosefrei)
♥ *vegane Margarine*

125 ml Sahne (ggf. laktosefrei)
♥ *Kochsahneersatz auf Reisbasis*

Pfeffer

1 Prise Muskatnuss

2 TL Speisestärke

1 Spinat von dicken Blattstielen befreien und hacken.

2 Salzwasser zum Kochen bringen und den Spinat für etwa 5 Minuten köcheln lassen. Das Wasser abgießen und den Spinat sofort mit kaltem Wasser abschrecken, so bleibt die grüne Farbe erhalten. Abtropfen lassen.

3 Butter in einem Topf erhitzen und den Spinat darin andünsten. Sahne zugeben und mit Salz, Pfeffer und Muskatnuss würzen. Einige Minuten köcheln lassen.

4 Speisestärke in 3 EL Wasser auflösen und zum Spinat rühren, einmal aufkochen lassen.

Tipp

Probieren Sie Pasta mit Spinat. Glutenfreie Nudeln nach Packungsanleitung zubereiten und mit dem Rahmspinat vermengen.

Ratatouille

FÜR 4 PORTIONEN
400 g Auberginen
350 g Zucchini
350 g Tomaten
350 g Paprikaschoten
1 Knoblauchzehe
3 EL frisches Basilikum
Olivenöl zum Braten
Salz
Pfeffer

1 Auberginen, Zucchini und Tomaten würfeln. Paprikaschoten entkernen und würfeln. Knoblauch und Basilikum fein hacken.

2 Etwas Öl in einer Pfanne erhitzen. Die Gemüsesorten nacheinander kurz braten und beiseitestellen. Zuerst eine Schicht Auberginen in einen Bräter oder eine Auflaufform füllen, mit Knoblauch, Basilikum, Salz und Pfeffer würzen. Dann die weiteren Gemüsesorte einschichten, ebenfalls würzen und mit einer Schicht Auberginen abschließen.

3 Bräter oder Auflaufform mit einem Deckel verschließen und im vorgeheizten Backofen bei 180 °C (Ober- und Unterhitze, auf der mittleren Schiene) etwa 45 Minuten garen.

Tipp

Der beliebte französische Gemüseeintopf schmeckt warm und kalt.

Schupfnudeln

FÜR 4 PORTIONEN

750 g mehlige Kartoffeln

60 g helle glutenfreie Mehlmischung

Salz

2 Eier

Fett oder Öl zum Ausbacken (ggf. laktosefrei)
♥ *auf Milchbestandteile achten*

1 Die Kartoffeln kochen und noch heiß pellen. Durch eine Kartoffelpresse drücken und auskühlen lassen.

2 Mehl, Salz und Eier zum Kartoffelschnee geben. Mit den Händen rasch zu einem glatten Teig kneten.

3 Den Kartoffelteig sofort weiterverarbeiten: Mit bemehlten Händen fingerdicke Rollen daraus formen. Davon 5 cm lange Stücke abschneiden und die Enden mit der Hand zu Spitzen rollen. In heißem Fett von allen Seiten langsam goldbraun braten.

Variation

Für Krautschupfnudeln 1 Zwiebel und 100 g Speck würfeln und in etwas Öl anbraten. 800 g Sauerkraut und etwas Wasser zugeben und das Kraut weich dünsten. Die fertigen Schupfnudeln zugeben und kurz mitbraten. Mit Salz, Pfeffer und Kümmel würzen. Sofort servieren.

Das beliebte Beilagengericht der süddeutschen und österreichischen Küche mit der prägnanten Form (in der Mitte dick und an den Enden dünn auslaufend) ist auch unter dem Namen „Fingernudeln" bekannt.

Semmelknödel

FÜR 4–5 PORTIONEN

300 g glutenfreies Weißbrot oder Brötchen (ggf. laktosefrei)
♥ *auf Milchbestandteile achten*

Salz

250 ml lauwarme Milch (ggf. laktosefrei)
♥ *ungesüßter Hirse-, Mandel- oder Sojadrink*

1 Zwiebel, fein gehackt

1 Bund Petersilie, gehackt

30 g Butter (ggf. laktosefrei)
♥ *vegane Margarine*

4 Eier

1 Prise Muskatnuss

1 Brötchen in feine Scheiben schneiden, salzen, mit Milch übergießen und 30 Minuten ziehen lassen.

2 Zwiebel und Petersilie in Butter dünsten, auskühlen lassen und mit den Eiern und Muskatnuss zur Brotmilch geben. Alles gut vermengen. Die Knödelmasse sollte grobe Brötchenstücke aufweisen, aber weich und geschmeidig sein und keinesfalls zu fest. Bei Bedarf mit etwas Milch regulieren.

3 Den Knödelteig in einen 3-l-Gefrierbeutel füllen. Diesen zur Sicherheit in einen weiteren Beutel geben. Die Beutel mit Küchengarn zusammenbinden, sodass der Teig gut umschlossen ist und wenig Luft in den Beuteln verbleibt.

4 Beutel in leicht sprudelndes Wasser einlegen und bei leicht geöffnetem Deckel etwa 1 Stunde garen.

5 Semmelknödel aus dem Wasser nehmen und vorsichtig aus dem Beutel lösen. Den Knödel in fingerdicke Scheiben schneiden und zu Bratengerichten oder Gemüserahmsoßen servieren.

Ursprünglich wird der Semmelnödel in einer Stoffserviette zubereitet. Da der glutenfreie Knödelteig aber sehr weich ist, empfiehlt sich diese einfache und sehr gelingsichere Methode mit dem Gefrierbeutel.

Tipp

Verwenden Sie glutenfreie Brötchen mit weicher Textur, dann wird auch der Knödel luftig und weich.

Süße Hauptspeisen

Apfelstrudel

FÜR 1 STRUDEL

Für den Apfelstrudel

750 g säuerliche Äpfel

½ TL Zimt

75 g Zucker

50 g Rosinen

60 g glutenfreies Paniermehl (ggf. laktosefrei)
♥ *auf Milchbestandteile achten*

20 g Butter (ggf. laktosefrei) und **100 g Butter** (ggf. laktosefrei), zerlassen, zum Bestreichen
♥ *vegane Margarine*

40 g Walnüsse, gehackt

Puderzucker zum Bestäuben

Für den Strudelteig

150 g helle glutenfreie Mehlmischung und glutenfreies Mehl zum Formen

1 TL Flohsamenschalenpulver

1 Ei

1 Prise Salz

1. Die Äpfel schälen, entkernen, in Scheibchen schneiden und mit Zimt, Zucker und Rosinen mischen. Das Paniermehl in 20 g Butter goldbraun rösten. Auskühlen lassen.

2. Für den Teig die Mehlmischung in eine Schüssel sieben, Flohsamenschalenpulver, Ei und Salz zugeben. So viel lauwarmes Wasser (etwa 90 ml) zufügen, bis ein glänzend glatter und gut knetbarer Teig entsteht. Den Teig in Folie wickeln und bei Zimmertemperatur 20 Minuten ruhen lassen.

3. Ein großes Geschirrtuch mit Mehl bestäuben. Den Teig auf einer bemehlten Arbeitsfläche kurz kneten und dann auf dem Tuch groß und dünn zu einem Rechteck von etwa 40 x 45 cm ausrollen.

4. Den Teig mit etwa 50 g zerlassener Butter bestreichen, das Paniermehl, dann die Apfelmischung und Walnüsse gleichmäßig darauf verteilen. Etwa 2 cm Teig ringsum freilassen.

5. Die Teigränder an den Breitseiten etwa 3 cm nach innen klappen, dann den Teig mit Hilfe des Tuchs von der Längsseite her aufrollen und auf ein mit Backpapier ausgelegtes Backblech legen. Mit Butter bestreichen und in den vorgeheizten Backofen schieben. Den Apfelstrudel bei 175 °C (Ober- und Unterhitze, auf der mittleren Schiene) 40–45 Minuten backen. Sobald er zu bräunen beginnt, nochmals mit Butter bepinseln.

6. Strudel vor dem Servieren mit Puderzucker bestäuben.

Variation

Für einen Apfel-Marzipan-Strudel 100 g Marzipan grob raspeln und unter die Apfelfüllung mischen.

Germknödel mit Vanillesoße

FÜR 6 KNÖDEL MIT SOSSE

Für die Soße

500 ml Milch (ggf. laktosefrei) ♥ *Mandeldrink*

1 Prise Salz

Mark von ½ Vanilleschote

2 Eigelb

80 g Zucker

15 g Speisestärke

Für den Teig

500 g helle glutenfreie Mehlmischung und glutenfreies Mehl zum Kneten

70 g Zucker

1 Pkg. Vanillezucker

2 TL Flohsamenschalenpulver

2 gestrichene TL Xanthan

1 Würfel Frischhefe oder 2 Pkg. Trockenhefe

325 ml lauwarme Milch (ggf. laktosefrei) ♥ *Mandeldrink*

70 g flüssige Butter (ggf. laktosefrei) ♥ *vegane Margarine*

1 Ei

1 Eigelb

etwas Milch (ggf. laktosefrei) zum Bepinseln ♥ *Mandeldrink*

Außerdem

200 g Pflaumenmus

1 TL Rum

100 g gemahlener Mohn

2 EL Puderzucker

1 Für die Vanillesoße 400 ml Milch, Salz und Vanillemark in einen Topf geben und aufkochen, dann von der Kochstelle nehmen. 100 ml Milch, Eigelb, Zucker und Speisestärke glatt rühren und unter Rühren zur Vanillemilch geben. Unter beständigem Rühren zum Kochen bringen und einmal aufkochen lassen. Topf vom Herd nehmen und Vanillesoße auskühlen lassen.

2 Für den Teig alle trockenen Zutaten in eine Rührschüssel geben und mischen. Frisch- oder Trockenhefe in der lauwarmen Milch auflösen. Alle restlichen Zutaten für den Teig, auch die Hefemilch, mit in die Schüssel geben und mit einem Kochlöffel oder einem Rührgerät verrühren.

3 Den Teig auf eine bemehlte Arbeitsfläche geben, mit wenig Mehl bestäuben und mit bemehlten Händen zu einem glatten Teig kneten. Inzwischen Pflaumenmus und Rum verrühren und beiseitestellen. Den Teig in 6 Stücke teilen, diese jeweils kurz kneten und zu einem Fladen auseinanderdrücken. Mittig ½ EL Pflaumenmus auf den Teig geben, den Teig zusammenklappen und zu einer Kugel formen. Die Teigkugeln auf ein mit Mehl ausgestreutes Backblech legen und mit wenig Milch bepinseln. An einem warmen Ort etwa 45 Minuten aufgehen lassen.

4 Einen Topf zur Hälfte mit Wasser befüllen, den Dämpfeinsatz in den Topf setzen und das Wasser zum Kochen bringen. Je zwei Germknödel einlegen und bei geschlossenem Deckel etwa 15 Minuten garen, den Deckel zwischendurch nicht abnehmen. Germknödel aus dem Topf nehmen und warm halten. Mit den restlichen Teiglingen ebenso verfahren.

5 Mohn und Puderzucker mischen und die Knödel mit Vanillesoße und dem Mohngemisch servieren.

Bratapfel-Kaiserschmarrn

FÜR 4 PORTIONEN ALS HAUPTSPEISE, FÜR 6 PORTIONEN ALS DESSERT

Für die Apfelmischung

2 Äpfel (etwa 320 g), klein geschnitten

60 g Rosinen

50 g Walnüsse, gehackt

20 g Rohrohrzucker

1 TL Zimt

1 Msp. Nelkenpulver

1 EL Rum (alternativ Apfelsaft)

Für den Teig

300 g helle glutenfreie Mehlmischung

6 Eigelb

375 ml Milch (ggf. laktosefrei)
♥ *Mandeldrink*

2 EL Zucker

1 Prise Salz

6 Eiweiß, steif geschlagen

Außerdem

Butterschmalz zum Ausbacken
♥ *Speiseöl*

Puderzucker zum Bestreuen

1 Für die Apfelmischung alle Zutaten in eine Schüssel geben und etwa 1 Stunde ziehen lassen.

2 Für den Teig Mehl, Eigelb, Milch, Zucker und Salz zu einem glatten Teig verrühren und 20–30 Minuten im Kühlschrank quellen lassen.

3 Anschließend den Eischnee locker unter den Teig ziehen.

4 Das Butterschmalz in einer großen beschichteten Pfanne erhitzen. Eine Portion Teig hineingießen und sogleich etwa 2–3 EL Apfelmischung darauf verteilen, leicht anbacken. Dann den Teig vierteln, jedes Teigviertel wenden und ebenfalls anbacken lassen. Mit zwei Gabeln oder Kochlöffeln, am besten aus Holz oder Kunststoff, den Teig in kleine Stücke reißen und unter beständigem Wenden rasch fertigbacken.

5 Den Kaiserschmarrn mit Puderzucker bestreuen und heiß servieren.

Tipp

Probieren Sie den Bratapfelschmarrn mit Vanillesoße – die beiden passen wunderbar zusammen.

Überbackene Topfenpalatschinken

FÜR 4 PORTIONEN (8 PFANNKUCHEN)

Für den Teig

150 g helle glutenfreie Mehlmischung

4 Eier (Gr. L)

¼ TL Salz

300 ml Milch (ggf. laktosefrei)
♥ *Cashewdrink*

Fett oder Öl zum Ausbacken (ggf. laktosefrei)
♥ *auf Milchbestandteile achten*

Für die Füllung

60 g Rosinen

1 EL Wasser oder Rum

500 g Magerquark (ggf. laktosefrei)
♥ *400 g Quarkersatz auf Sojabasis*

100 g Zucker

2 Pkg. Vanillezucker

1 EL Zitronensaft

Zum Überbacken

Fett oder Öl für die Form (ggf. laktosefrei)
♥ *auf Milchbestandteile achten*

200 ml Sahne (ggf. laktosefrei)
♥ *Kochsahneersatz auf Mandelbasis*

1 EL Zucker

Außerdem

Puderzucker zum Bestäuben

1. Rosinen für die Füllung nach Wunsch in Wasser oder Rum einweichen – sie werden dadurch weicher und aromatischer.

2. Für den Teig Mehl, Eier und Salz in eine Rührschüssel geben. Milch unter Rühren langsam zugießen. Den Teig 30 Minuten bei Zimmertemperatur ruhen lassen. Anschließend nochmals durchrühren und bei Bedarf noch etwas Milch zugeben, der Teig soll eine sämige Konsistenz aufweisen. Portionsweise in eine heiße, gefettete Pfanne geben. Die Pfannkuchen nacheinander von beiden Seiten goldgelb ausbacken.

3. Für die Füllung Quark, Zucker, Vanillezucker, Zitronensaft und abgetropfte Rosinen verrühren.

4. Die Pfannkuchen jeweils mit 1 EL der Quarkmasse bestreichen, aufrollen und in eine gefettete Auflaufform einlegen.

5. Zum Überbacken Sahne und Zucker verrühren und über die gefüllten Pfannkuchen gießen. Im vorgeheizten Backofen bei 180 °C (Ober- und Unterhitze, auf der mittleren Schiene) etwa 15–20 Minuten überbacken. Mit Puderzucker bestäuben und sofort servieren.

Aprikosen- und Zwetschgenknödel

FÜR 4 PORTIONEN

Für den Teig

200 g helle glutenfreie Mehlmischung und glutenfreies Mehl für die Arbeitsfläche

1 TL Flohsamenschalenpulver oder ½ TL Xanthan

125 g Magerquark (ggf. laktosefrei) ♥ *80 g Seidentofu*

125 g Schmand (ggf. laktosefrei) ♥ *Schmandersatz auf Sojabasis*

35 g flüssige Butter (ggf. laktosefrei) ♥ *vegane Margarine*

2 Eigelb

1 Prise Salz

Außerdem

500 g Aprikosen oder Zwetschgen

Würfelzucker (1 Stück pro Steinobst)

75 g Butter (ggf. laktosefrei) ♥ *vegane Margarine*

100 g glutenfreies Paniermehl (ggf. laktosefrei) ♥ *auf Milchbestandteile achten*

1 EL Zucker

1 Pkg. Vanillezucker

½ TL Zimt

1 Alle trockenen Zutaten für den Teig in eine Rührschüssel geben und mischen. Alle restlichen Zutaten für den Teig zugeben und alles zu einem glatten Teig kneten. Den Teig in Frischhaltefolie wickeln und 30 Minuten im Kühlschrank ruhen lassen.

2 Das Steinobst jeweils zur Hälfte einschneiden und den Kern entfernen. Statt des Kerns je ein Stück Würfelzucker in jede Aprikose oder Zwetschge einsetzen.

3 Den Teig auf einer bemehlten Arbeitsfläche mit den Händen kurz kneten, dann zu einer Rolle formen und Teigstücke abschneiden – die Aprikosen oder Zwetschgen sollen später nur mit einer dünnen Teigschicht überzogen werden. Die Teigstücke mit den Händen flach drücken, die Frucht komplett mit dem Teig umhüllen und zu einer Kugel formen.

4 Salzwasser zum Kochen bringen. Die Hitze reduzieren, Knödel einlegen und 10–12 Minuten ziehen lassen, jedoch nicht kochen. Mit einem Schaumlöffel aus dem Wasser nehmen und auf Küchenpapier abtropfen lassen.

5 Butter in einer Pfanne erhitzen, das Paniermehl darin vorsichtig goldgelb rösten. Zucker, Vanillezucker und Zimt unter die Brösel mischen und die Aprikosen- oder Zwetschgenknödel rundum darin wälzen.

Tipp

Umhüllen Sie die Früchte nur dünn mit dem Teig, so entstehen besonders fruchtige Knödel.

Quarkstrudel

FÜR 1 STRUDEL

Für den Quarkstrudel

250 ml Milch (ggf. laktosefrei)
♥ *220 ml Mandeldrink*

20 g Vanillepuddingpulver

120 g Zucker

Salz

2 EL Buchweizen-, Hirse-, Mais- oder Reisgrieß

250 g Quark (ggf. laktosefrei)
♥ *200 g veganer Quarkersatz auf Sojabasis*

etwas Zitronenabrieb

1 Ei

Rosinen nach Geschmack

40 g Butter (ggf. laktosefrei), zerlassen zum Bestreichen
♥ *vegane Margarine*

Puderzucker zum Bestäuben

Für den Strudelteig

150 g helle glutenfreie Mehlmischung und glutenfreies Mehl zum Formen

1 TL Flohsamenschalenpulver

1 Ei

1 Prise Salz

1 Milch, Vanillepuddingpulver, Zucker, 1 Prise Salz und Grieß in einen Topf geben und verrühren, unter Rühren einmal aufkochen lassen. Beiseitestellen und gelegentlich umrühren. Quark, Zitronenabrieb, Ei und Rosinen unter die ausgekühlte Puddingmasse mischen.

2 Für den Teig die Mehlmischung in eine Schüssel sieben, Flohsamenschalenpulver, Ei und Salz zugeben. So viel lauwarmes Wasser (etwa 90 ml) zufügen, bis ein glänzend glatter und gut knetbarer Teig entsteht. Den Teig in Folie wickeln und bei Zimmertemperatur 20 Minuten ruhen lassen.

3 Ein großes Geschirrtuch mit Mehl bestäuben. Den Teig auf einer bemehlten Arbeitsfläche kurz kneten und dann auf dem Tuch groß und dünn zu einem Rechteck von etwa 40 x 45 cm ausrollen.

4 Für den Strudel den Teig mit der Quarkfüllung bestreichen. Etwa 2 cm Teig ringsum freilassen.

5 Die Teigränder an den Breitseiten etwa 3 cm nach innen klappen, dann den Teig mit Hilfe des Tuchs von der Längsseite her aufrollen und auf ein mit Backpapier ausgelegtes Backblech legen. Mit Butter bestreichen und in den vorgeheizten Backofen schieben. Den Quarkstrudel bei 200 °C (Ober- und Unterhitze, auf der mittleren Schiene) 30–35 Minuten backen.

6 Strudel vor dem Servieren mit Puderzucker bestäuben.

Verführerische Desserts

Apfelküchle

FÜR 3–4 PORTIONEN

2 große Äpfel

1 EL Zitronensaft

1 EL Rum

1 EL Zucker

¼ TL Zimt

Für den Teig

2 Eier

180 g helle glutenfreie Mehlmischung

3 EL Speiseöl

1 Prise Salz

2 Pkg. Vanillezucker

250 ml Milch (ggf. laktosefrei)
♥ *Mandel- oder Reisdrink*

Außerdem

Öl oder Butterschmalz (ggf. laktosefrei) zum Ausbacken
♥ *auf Milchbestandteile achten*

etwa 75 g Zucker und 1 TL Zimt, gemischt, zum Wälzen

1 Die Äpfel schälen und das Kerngehäuse mit einem Ausstecher entfernen. Die Äpfel in etwa 5 mm dicke Scheiben schneiden. Zitronensaft, Rum, Zucker und Zimt verrühren und die Apfelscheiben darin marinieren.

2 Für den Teig die Eier trennen. Eigelb, Mehl, Öl, Salz und Vanillezucker in eine Schüssel geben, Milch unter Rühren nach und nach zugeben, bis ein glatter Teig entsteht. Den Teig 30 Minuten ruhen lassen.

3 Das Eiweiß steif schlagen und unter den Teig heben.

4 Fett in einer Pfanne erhitzen. Die Apfelscheiben nacheinander jeweils in den Teig geben und sofort in der heißen Pfanne von beiden Seiten goldbraun ausbacken. Die Temperatur nicht auf höchste Stufe einstellen, sonst werden die Apfelküchle außen schnell dunkel und die Apfelscheiben bleiben hart.

5 Die Apfelküchle auf Küchenpapier geben und sofort in einem Zucker-Zimt-Gemisch wenden. Frisch servieren.

Tipp

Lassen Sie sich die Apfelküchle mit Vanillesoße oder Vanilleeis und Schlagsahne schmecken.

Grießpudding

FÜR 4–6 PORTIONEN

1 Ei (Gr. M)

120 ml Sahne (ggf. laktosefrei) ♥ *Kochsahneersatz auf Mandelbasis*

2 EL und 550 ml Milch (ggf. laktosefrei) ♥ *Cashewdrink*

50 g Zucker

1 EL Speisestärke

etwas gemahlene Vanille

50 g Reisgrieß

1 Das Ei trennen und das Eiweiß mit dem Handrührgerät steif schlagen. Kühl stellen.

2 Eigelb, Sahne, 2 EL Milch, Zucker, Speisestärke und Vanille in eine Schüssel geben und verrühren.

3 550 ml Milch unter Rühren zum Kochen bringen, den Reisgrieß zugeben und bei kleiner Hitze unter Rühren etwa 5 Minuten quellen lassen. Das Eigelbgemisch zugeben und einmal aufkochen lassen.

4 Die Grießmasse vom Herd nehmen, den Eischnee unterziehen. In Dessertschälchen füllen, auskühlen lassen und servieren.

Tipp

Grießpudding mit Zimt, roter Grütze oder frischen Früchten – wahrlich eine feine Kombination.

Heidelbeer-Schichtdessert

FÜR 4–6 PORTIONEN

Für den Biskuit

2 Eier

40 g Puderzucker

35 g helle glutenfreie Mehlmischung

15 g ungesüßtes Kakaopulver

½ TL Backpulver

Für den Belag

1 Glas (540 g) Heidelbeeren

1 EL Speisestärke

200 ml Sahne (ggf. laktosefrei)
♥ ***aufschlagbarer Sahneersatz auf Kokosbasis***

250 g Mascarpone (ggf. laktosefrei)
♥ ***200 g Quarkersatz auf Sojabasis***

3 EL Milch (ggf. laktosefrei)
♥ ***Reisdrink***

2 EL Puderzucker

1 Für den Biskuit die Eier trennen. Eiweiß mit der Hälfte des Puderzuckers fest aufschlagen. Eigelb mit dem restlichen Puderzucker schaumig rühren. Mehl, Kakao und Backpulver auf die Eigelbmasse sieben. Steif geschlagene Eiweißmasse ebenfalls zugeben. Nun alles vorsichtig mit dem Schneebesen verrühren und in eine feuerfeste Form (etwa 30 x 25 cm) füllen. Im vorgeheizten Backofen bei 180 °C (Ober- und Unterhitze, auf der mittleren Schiene) etwa 12 Minuten backen. Aus dem Ofen nehmen und abkühlen lassen.

2 Heidelbeeren mit der Flüssigkeit in einen Kochtopf geben. Speisestärke zugeben und gut verrühren. Unter Rühren alles zum Kochen bringen und einmal aufkochen lassen. Noch warm auf dem Biskuit gleichmäßig verteilen. Auskühlen lassen.

3 Sahne steif schlagen. Mascarpone, Milch und Puderzucker glatt rühren, Sahne unterheben. Die Creme auf die Heidelbeerfüllung streichen. Das Dessert über Nacht im Kühlschrank durchziehen lassen. Am nächsten Tag in Stücke schneiden und servieren.

Tipp

Die Heidelbeeren können bestens durch andere Früchte oder Beeren ausgetauscht werden. Probieren Sie das Dessert z. B. auch mit Sauerkirschen aus dem Glas.

Softwaffeln

FÜR 8 GROSSE WAFFELN

Für den Teig

125 g sehr weiche Butter (ggf. laktosefrei) ♥ *vegane Margarine*

65 g Zucker

1 Pkg. Vanillezucker

1 Prise Salz

3 Eier

165 g helle glutenfreie Mehlmischung

125 g Magerquark (ggf. laktosefrei) ♥ *100 g Quarkersatz auf Sojabasis*

100 ml Milch (ggf. laktosefrei) ♥ *Mandeldrink*

½ TL Backpulver

1 Butter, Zucker, Vanillezucker, Salz und Eier schaumig rühren.

2 Mehl, Magerquark, Milch und Backpulver zugeben und alles zu einem glatten Teig verrühren. 25 Minuten bei Zimmertemperatur ruhen lassen.

3 Den Teig portionsweiße in ein heißes, gefettetes Waffeleisen geben und goldgelbe Waffeln ausbacken.

Variationen

Schwarzweiß-Waffeln

Den Teig nach Rezept herstellen, dann die halbe Teigmenge abnehmen und mit 25 g Schokocreme, 1 EL Kakaopulver und 1 EL Milch verrühren. Das Waffeleisen fetten und pro Waffel jeweils die halbe Menge des hellen Teiges und die halbe Menge des dunklen Teiges verwenden.

Dunkle Softwaffeln

50 g Schokocreme, 1 EL Kakaopulver und 2 EL Milch unter den fertigen Teig rühren. Waffeln nach Rezept ausbacken.

Tipp

Diese Waffeln schmecken mit Puderzucker bestäubt oder mit Kirschkompott und Schlagsahne besonders lecker.

Flammkuchen, Quiche & Co.

Flammkuchen nach Elsässer Art

FÜR 1 BACKBLECH MIT ETWA 30 X 40 CM

Für den Teig

1 TL Flohsamenschalenpulver

200 g helle glutenfreie Mehlmischung und glutenfreies Mehl für die Arbeitsfläche

3 EL Speiseöl

½ TL Salz

Für den Belag

300 g Schmand (ggf. laktosefrei)
♥ *Schmandersatz auf Sojabasis*

3 EL Milch (ggf. laktosefrei)
♥ *ungesüßter Hirsedrink*

Salz

Pfeffer

120 g roher oder gekochter Schinken

2 Zwiebeln

Schnittlauch nach Geschmack, geschnitten

1 Für den Teig die Flohsamenschalen in 200 ml lauwarmes Wasser einrühren und 1–2 Minuten quellen lassen. Dann alle Zutaten für den Teig in eine Schüssel geben und verkneten. Der Teig darf nicht zu fest sein, bei Bedarf mit etwas Wasser regulieren. Teig in Frischhaltefolie wickeln und im Kühlschrank aufbewahren, bis alle Zutaten für den Belag vorbereitet sind.

2 Schmand, Milch, Salz und Pfeffer glatt rühren und beiseitestellen. Schinken in feine Streifen schneiden. Zwiebeln halbieren und in feine Ringe schneiden.

3 Den Teig auf einer bemehlten Arbeitsfläche etwa auf Backblechgröße dünn ausrollen und dann auf ein mit Backpapier ausgelegtes Backblech legen. Mit der Schmandcreme bestreichen und mit Schinken und Zwiebeln belegen.

4 Im vorgeheizten Backofen bei 225 °C (Ober- und Unterhitze, auf der unteren Schiene) 12–14 Minuten backen. Dann das Blech auf den Backofenboden stellen und weitere 4–5 Minuten backen.

5 Flammkuchen mit Schnittlauchröllchen bestreuen und sofort servieren.

Variation

Probieren Sie den Flammkuchen auch mit Camembert und Feigen oder mit Lachs und Kapern. Sie werden begeistert sein!

Tipp

Je nachdem, ob Sie den Flammkuchen lieber weich oder knusprig mögen, können Sie die Backzeit um einige Minuten verkürzen oder verlängern.

Langos

FÜR 6 STÜCK

Für den Teig

½ Würfel Frischhefe oder 1 Pkg. Trockenhefe

175 ml lauwarme Milch (ggf. laktosefrei) ♥ *Cashewdrink*

200 g helle glutenfreie Mehlmischung

50 g Tapiokastärke

½ gestrichener TL Xanthan

1 TL Salz

½ TL Zucker

30 g flüssige Butter (ggf. laktosefrei) ♥ *vegane Margarine*

1 Ei

500 ml Speiseöl und 250 g Butterschmalz zum Ausbacken ♥ *750 ml Speiseöl*

Für den Belag

2 Knoblauchzehen

100 g saure Sahne (ggf. laktosefrei) ♥ *Schmandersatz auf Sojabasis*

100 g Schmand (ggf. laktosefrei) ♥ *Schmandersatz auf Sojabasis*

Salz

Pfeffer

100 g Emmentaler (ggf. laktosefrei), gerieben ♥ *veganer Streukäseersatz*

Schnittlauch nach Geschmack, geschnitten

1 Frisch- oder Trockenhefe in der lauwarmen Milch auflösen.

2 Mehl, Tapiokastärke, Xanthan, Salz und Zucker in eine Rührschüssel geben und mischen. Hefemilch, flüssige Butter und Ei zum Mehlgemisch geben und alles verrühren. Der Teig soll eine weiche Konsistenz aufweisen, er zieht während des Aufgehvorgangs noch nach. Den Teig in der Rührschüssel belassen, mit einem Tuch abdecken und 40 Minuten an einem warmen Ort aufgehen lassen.

3 Unterdessen den Belag herstellen. Knoblauch durch eine Knoblauchpresse drücken und mit saurer Sahne, Schmand, Salz und Pfeffer verrühren. Im Kühlschrank ruhen lassen.

4 Den Teig gut durchkneten und in 6 Stücke teilen. Nun jedes Teigstück mit den Händen zu einem dünnen Fladen auseinanderdrücken.

5 Anschließend Öl und Butterschmalz in einem großen Topf erhitzen. Die Teiglinge im heißen Fett nacheinander auf beiden Seiten goldbraun ausbacken. Die fertigen Langos auf Küchenpapier abtropfen lassen.

6 Langos mit Schmandcreme bestreichen, mit Käse und Schnittlauchröllchen bestreuen und sofort servieren.

Diese glutenfreie Variante gelingt prima und schmeckt wunderbar!

Pfannenpizza

FÜR 1 PIZZA MIT 20 CM DURCHMESSER

Für den Teig

12 g Frischhefe oder
3 g Trockenhefe

125 g helle glutenfreie Mehlmischung und glutenfreies Mehl für die Arbeitsfläche

½ TL Flohsamenschalenpulver

¼ TL Salz

1 Prise Zucker

1 EL Olivenöl

Für den Belag

Salami, gekochter Schinken, Mais, Zucchini, Paprika, Champignons, Rucola usw. – je nach Geschmack

3–4 EL Tomatensoße

Salz

Pfeffer

Pizzagewürz nach Geschmack

geriebener Käse (ggf. laktosefrei) nach Geschmack
♥ *vegane Streukäsealternative*

1 Frisch- oder Trockenhefe in 100 ml lauwarmem Wasser auflösen. Die restlichen Zutaten für den Pizzateig in eine Rührschüssel geben, auch das Hefewasser. Alles gut verrühren und einen glatten Hefeteig herstellen.

2 Den Teig auf eine bemehlte Arbeitsfläche geben, mit den Händen durchkneten, dann mit einer Teigrolle in Pfannengröße ausrollen. Den Teig in die Pfanne legen und an einem warmen Ort etwa 30 Minuten aufgehen lassen.

3 Unterdessen für den Belag die gewünschten Zutaten nach Bedarf klein schneiden.

4 Den Teig mit Tomatensoße bestreichen, mit Salz, Pfeffer und Pizzagewürz würzen und mit geriebenem Käse bestreuen. Nach Belieben belegen.

5 Die Pfanne auf die Herdplatte stellen und den Teigling für ca. 2 Minuten bei starker Hitze anbraten. Dabei stets kontrollieren, dass nichts anbrennt. Dann die Pfanne in den vorgeheizten Backofen bei 220 °C (Ober- und Unterhitze, auf der unteren Schiene) etwa 12–14 Minuten fertig backen.

6 Die Pizza sofort aus der Pfanne nehmen und genießen.

Tipp

Für die Pfannenpizza eignet sich eine Eisenpfanne, aber auch andere, für den Ofen geeignete Pfannen „funktionieren“.

Quiche Lorraine

FÜR 1 SPRINGFORM MIT 26 CM DURCHMESSER

Für den Teig

220 g helle glutenfreie Mehlmischung und glutenfreies Mehl für die Arbeitsfläche

¾ gestrichener TL Xanthan

100 g Butter (ggf. laktosefrei)
♥ *80 g vegane Margarine*

4 EL Wasser

1 Ei

¼ TL Salz

Fett oder Öl für die Form (ggf. laktosefrei)
♥ *auf Milchbestandteile achten*

Für die Füllung

300 g Schinkenspeck

2 Zwiebeln

200 ml Sahne (ggf. laktosefrei)
♥ *Kochsahneersatz auf Mandelbasis*

4 Eier

150 g Emmentaler (ggf. laktosefrei), gerieben
♥ *veganer Streukäseersatz*

1 EL Petersilie, gehackt

1. Für den Teig alle trockenen Zutaten in eine Rührschüssel geben und mischen. Alle restlichen Zutaten zugeben und einen glatten Teig herstellen. Anschließend auf einer gut bemehlten Arbeitsfläche ausrollen und eine leicht befettete Springform damit auslegen. Den Teig mitsamt der Springform 30 Minuten kühl stellen.

2. Schinkenspeck in kleine Würfel schneiden. Zwiebeln schälen und ebenfalls klein würfeln. Speck und Zwiebeln in einer Pfanne glasig dünsten, auskühlen lassen.

3. Sahne und Eier verquirlen, dann alle restlichen Zutaten für den Belag einrühren. Die Masse auf den Teig streichen.

4. Im vorgeheizten Backofen bei 200 °C (Ober- und Unterhitze, auf der mittleren Schiene) 30–35 Minuten backen. Anschließend abkühlen lassen, bis die Füllung formstabil und schnittfest ist.

Tipp

Quiche Lorraine ist ideal als Hauptgericht mit Salat, als herzhafter Partysnack oder zum Mitnehmen für die Mittagspause.

Schinken-Käse-Hörnchen

FÜR 8 HÖRNCHEN

Für den Hefeteig

20 g Frischhefe oder 1 Pkg. Trockenhefe

250 g helle glutenfreie Mehlmischung und glutenfreies Mehl für die Arbeitsfläche

1 TL Flohsamenschalenpulver

½ TL Salz

1 Prise Zucker

2 EL Speiseöl

Für die Füllung

150 g gekochter Schinken, in Scheiben

250 g Käse (z. B. junger Gouda), in Scheiben (ggf. laktosefrei)
♥ *vegane Käsealternative in Scheiben*

Außerdem

1 Eigelb

1 EL Milch (ggf. laktosefrei)
♥ *Reisdrink*

je 1 EL Mohn und Sesam

1 Für den Teig die Frisch- oder Trockenhefe in 180 ml lauwarmem Wasser auflösen. Mehl, Flohsamenschalen, Salz und Zucker in eine Rührschüssel geben und mischen. Das Hefewasser und Öl zugeben und alles zu einem glatten Teig kneten. Den Teig in der Rührschüssel belassen, mit einem Tuch abdecken und an einem warmen Ort etwa 30 Minuten aufgehen lassen.

2 Den Teig auf eine bemehlte Arbeitsfläche geben. Mit einer Teigrolle kreisförmig ausrollen, etwa 3–4 mm dünn. Gleichmäßig mit Schinken und Käse belegen. Dann den belegten Teig mit einem Pizzaschneider in 8 „Tortenstücke“ teilen.

3 Nun an der Außenseite den Teig mittig etwa 3–4 cm einschneiden, so lassen sich die Hörnchen schöner biegen. Den Teig jeweils von der Breitseite her aufrollen, leicht biegen und mit der Teigspitze nach unten auf ein mit Backpapier ausgelegtes Backblech legen. Eigelb und Milch verrühren und die Hörnchen damit bepinseln. Mit der Mohn-Sesam-Mischung bestreuen.

4 Im vorgeheizten Backofen bei 180 °C (Ober- und Unterhitze, auf der mittleren Schiene) etwa 20–22 Minuten backen. Hörnchen aus dem Ofen nehmen, leicht abkühlen lassen und genießen.

Zwiebelkuchen nach fränkischer Art

FÜR 1 BACKBLECH MIT ETWA 30 X 40 CM

Für den Teig

400 g Glutenfreie Backmischung für Brot Landbrot-Art von Tanjas Backliebe

1½ TL Salz

½ TL Zucker

½ Würfel Frischhefe oder 1 Pkg. Trockenhefe

1 EL glutenfreier Essig

etwas Butter (ggf. laktosefrei) für das Backblech ♥ *vegane Margarine*

glutenfreies Mehl für die Arbeitsfläche

Für den Belag

1 kg Zwiebeln

100 g geräucherter Schinken

200 g Schmand oder saure Sahne (ggf. laktosefrei) ♥ *Schmandersatz auf Sojabasis*

200 g Quark 40 % Fett (ggf. laktosefrei) ♥ *160 g Quarkersatz auf Sojabasis*

3 Eier

Salz

Pfeffer

1 Prise Muskatnuss

Kümmel im Ganzen nach Geschmack

1 Für den Teig Backmischung, Salz und Zucker in eine Rührschüssel geben. Frisch- oder Trockenhefe in 300 ml lauwarmem Wasser auflösen und mit dem Essig zum Mehlgemisch geben. Alles etwa 5 Minuten zu einem glatten Teig kneten.

2 Das Backblech mit Butter fetten. Eine Arbeitsfläche gut bemehlen, den Teig daraufgeben und zu einem Rechteck ausrollen. Das Backblech damit auslegen und einen kleinen Rand hochziehen. Abgedeckt mit einem Geschirrtuch 20 Minuten an einem warmen Ort aufgehen lassen.

3 Unterdessen die Zwiebeln in feine Ringe und den Schinken in kleine Würfel schneiden. Den Schinken in einer Pfanne anbraten, anschließend aus der Pfanne nehmen und die Zwiebeln andünsten. Den Schinken untermengen.

4 Schmand, Quark, Eier, Salz, Pfeffer, Muskatnuss und Kümmel verquirlen. Den aufgegangenen Teig mehrmals mit einer Gabel einstechen, dann die Zwiebel-Schinken-Masse darauf verteilen. Die Eiermasse vorsichtig auf die Zwiebelmasse geben und gleichmäßig verstreichen.

5 Im vorgeheizten Backofen bei 180 °C (Ober- und Unterhitze, auf der mittleren Schiene) 35–40 Minuten backen.

6 Den fertigen Zwiebelkuchen aus dem Ofen nehmen und nicht zu warm anschneiden, sonst erscheint der Teig als nicht durchgebacken und speckig. Genießen Sie den Zwiebelkuchen deshalb lauwarm.

Traditionelle Brötchen & frisches Brot

Knäckebrot

FÜR 1 BACKBLECH MIT ETWA 30 X 40 CM

65 g Hirseflocken oder glutenfreie Haferflocken

65 g Ölsaaten (Sesam, Mohn, Leinsamen, Sonnenblumenkerne, Kürbiskerne)

30 g Teffmehl

30 g Reisvollkornmehl

1 TL Flohsamenschalenpulver

1 TL Salz

2 EL Speiseöl

1 Alle trockenen Zutaten in eine Rührschüssel geben und mischen.

2 Öl und 250 ml lauwarmes Wasser zum Mehlgemisch geben und alles gut verrühren. Den Teig 30 Minuten bei Zimmertemperatur quellen lassen.

3 Ein Backblech mit Backpapier auslegen und den Teig mit einer Teigkarte dünn auf das Backpapier streichen.

4 Im vorgeheizten Backofen bei 165 °C (Ober- und Unterhitze, auf der mittleren Schiene) etwa 55–60 Minuten backen. Das Knäckebrot jedoch nach 15 Minuten Backzeit mit einem Pizzaschneider in Stücke schneiden. Nach der kompletten Backzeit ist das nicht mehr möglich!

5 Das fertige Knäckebrot aus dem Ofen nehmen und auskühlen lassen.

Tipp

Das aromatische Knäckebrot lässt sich unkompliziert herstellen, ist sehr gut sättigend und auch als Knabbersnack für zwischendurch ideal.

Genießerbrötchen

FÜR 6 STÜCK

15 g Frischhefe oder 5 g Trockenhefe

220 g helle glutenfreie Mehlmischung

40 g Tapioka- oder Kartoffelstärke

1 gestrichener TL Backpulver

1 TL Flohsamenschalenpulver

1 TL Zucker

1 TL Salz

65 ml **Milch** (ggf. laktosefrei)
♥ *Cashewdrink*

60 g **Naturjoghurt** (ggf. laktosefrei)
♥ *50 g Joghurtersatz auf Sojabasis*

1 EL Speiseöl

Speiseöl zum Bestreichen

1 Frisch- oder Trockenhefe in 150 ml lauwarmem Wasser auflösen.

2 Mehl, Stärke, Backpulver, Flohsamenschalenpulver, Zucker und Salz in eine Rührschüssel geben und mischen. Hefewasser, Milch, Joghurt und Öl zugeben und in 3–4 Minuten einen glatten Teig herstellen. Den Teig in der Rührschüssel belassen und, abgedeckt mit einem Geschirrtuch, an einem warmen Ort etwa 20 Minuten ruhen lassen.

3 Den Teig nach der Gehzeit kurz kneten, dann in 6 Stücke teilen. Die Teigstücke zu etwa 12–15 cm langen Stangen formen. Auf ein mit Backpapier ausgelegtes Backblech legen, dünn mit Öl bepinseln, mit einem Geschirrtuch abdecken und 15–20 Minuten aufgehen lassen.

4 Die Teiglinge im vorgeheizten Backofen bei 200 °C (Ober- und Unterhitze, auf der mittleren Schiene) 22–25 Minuten goldbraun backen. Dabei eine feuerfeste Schüssel mit 250 ml Wasser auf den Backofenboden stellen.

5 Die fertigen Brötchen aus dem Backofen nehmen und auf einem Kuchengitter auskühlen lassen.

Hefezopf nach Großmutters Art

FÜR 1 GROSSEN ZOPF

Für den Teig

½ Würfel Frischhefe oder 1 Pkg. Trockenhefe

300 g lauwarme Milch ♥ *Mandeldrink*

350 g Mehlmischung *Mix Brot von Schär*

65 g Zucker

1 Pkg. Vanillezucker

1 TL (3 g) Flohsamenschalenpulver oder 1 g Xanthan

50 g Naturjoghurt (ggf. laktosefrei) ♥ *Joghurtersatz auf Kokosbasis*

40 g geschmolzene Butter (ggf. laktosefrei) ♥ *vegane Margarine*

40 g Rosinen, 2 Stunden in Wasser eingeweicht und gut abgetropft – wer mag

Außerdem

Milch (ggf. laktosefrei) zum Bepinseln ♥ *Mandeldrink*

Sahne (ggf. laktosefrei) zum Bepinseln ♥ *Kochsahneersatz auf Mandelbasis*

Hagelzucker zum Bestreuen

1 Frisch- oder Trockenhefe in der lauwarmen Milch auflösen.

2 Mehl, Zucker, Vanillezucker und Flohsamenschalenpulver oder Xanthan in eine Rührschüssel geben und mischen. Hefemilch, Joghurt und Butter zugeben und in 3–4 Minuten einen glatten Teig herstellen. Hierzu eignet sich ein Handrührgerät oder eine Küchenmaschine sehr gut. Den Teig in der Schüssel belassen und, abgedeckt mit einem Geschirrtuch, 20 Minuten bei Zimmertemperatur quellen lassen.

3 Anschließend die Rosinen unterkneten. Wer keine Rosinen zugeben möchte, den Teig trotzdem nochmals kurz kneten, damit entstandene Luftbläschen entweichen.

4 Nun den Teig in drei Stücke teilen und diese jeweils zu einem Teigstrang mit etwa 40 cm Länge formen. Einen Zopf flechten – nicht zu stramm, damit der Teigling schön aufgeht. Den Hefezopf auf ein mit Backpapier ausgelegtes Backblech legen und mit Milch bepinseln. An einem warmen Ort etwa 40 Minuten aufgehen lassen.

5 Anschließend den Zopf mit Sahne bepinseln und mit Hagelzucker bestreuen. Im vorgeheizten Backofen bei 200 °C (Ober- und Unterhitze, auf der mittleren Schiene) 10 Minuten backen. Dann die Temperatur auf 180 °C reduzieren und den Zopf weitere 30–35 Minuten backen.

6 Den fertigen Zopf aus dem Ofen nehmen und auf einem Kuchengitter auskühlen lassen.

Tipp

Ein lauwarmer Backofen ist der beste Ort, um einen Hefeteig perfekt aufgehen zu lassen! Hierzu den Backofen für 10 Minuten auf 50 °C Ober- und Unterhitze aufheizen, dann ausschalten und weitere 10 Minuten warten, bis die Temperatur milde und angenehme 30 °C beträgt.

Kastanienbrot ohne Fertigmehl

FÜR 1 KG BROT

200 g Maronen, geschält und gekocht (erhältlich z. B. im Supermarkt, Reformhaus oder online)

½ Würfel Frischhefe oder 1 Pkg. Trockenhefe

180 g Kartoffelstärke

100 g Teffmehl

75 g Kastanienmehl

75 g Buchweizenmehl (alternativ Reismehl)

30 g Tapiokastärke

20 g Flohsamenschalenpulver

2 TL Salz

1 TL (3 g) Zucker

2½ EL Speiseöl

1 EL glutenfreier Essig

glutenfreies Mehl zum Formen

1½ TL Brotgewürz – optional

Außerdem

eine ofenfeste Form mit Deckel (z. B. Bräter, gusseiserner Topf, Römertopf, ofenfeste Glasform), Durchmesser etwa 24 cm, Höhe etwa 10 cm

1 Maronen mit 100 ml Wasser pürieren.

2 Frisch- oder Trockenhefe in 400 ml lauwarmem Wasser auflösen.

3 Alle trockenen Zutaten in eine Rührschüssel geben und mischen. Hefewasser, Maronenpüree, Öl und Essig zugeben und alles etwa 3–4 Minuten zu einem glatten Teig kneten.

4 Den Teig in der Rührschüssel belassen, mit einem Tuch abdecken und etwa 30 Minuten bei Zimmertemperatur ruhen lassen. Unterdessen das Backpapier zuschneiden und den Boden der ofenfesten Form damit auslegen.

5 Anschließend den Teig nochmals durchkneten. Mit einem Teigschaber auf eine gut bemehlte Arbeitsfläche geben und mit sehr gut bemehlten Händen grob zu einer Kugel formen. Die Teigoberfläche soll nicht glatt sein, je mehr Falten und bemehlte Stellen vorhanden sind, desto schöner sieht das fertige Brot aus.

6 Den Teig in die Form auf das Backpapier geben. Den Deckel auflegen und die Form in den kalten Backofen auf die mittlere Schiene stellen. Den Backofen auf 240 °C Umluft einstellen und das Brot für etwa 80–85 Minuten backen.

7 Das fertige Brot aus dem Topf nehmen. Mittels Klopftest prüfen, ob das Brot durchgebacken ist: Es muss hohl klingen, wenn man auf die Brotunterseite klopft. Das Brot auf einem Kuchengitter mindestens 4–5 Stunden komplett auskühlen lassen, sonst wird die Krume speckig.

Tipp

Wer eine besonders knusprige Kruste möchte, lässt das Brot zum Schluss für etwa 5–8 Minuten ohne Deckel bei 240 °C (Umluft) im Backofen.

Kornstangen

FÜR 10 STÜCK

1 Pkg. (250 g) ***Glutenfreie Backmischung für Brötchen u. Brezen von Tanjas Backliebe***

1 Pkg. (400 g) ***Glutenfreie Backmischung für Brot Schwarzbrot-Art von Tanjas Backliebe***

3 TL Salz

1 TL Zucker

1 Würfel Frischhefe oder 2 Pkg. Trockenhefe

1 EL Speiseöl

1 EL glutenfreier Essig

glutenfreies Mehl zum Formen

1 Ei, verquirlt

Saaten nach Geschmack: **Sesam, Sonnenblumenkerne, Leinsamen, Chiasamen, Mohn**

1. Backmischungen, Salz und Zucker in eine Rührschüssel geben.

2. Frisch- oder Trockenhefe in ½ l lauwarmem Wasser auflösen und mit Öl und Essig zum Mehlgemisch geben. Alles etwa 5 Minuten zu einem glatten Teig kneten.

3. Den Teig auf eine bemehlte Arbeitsfläche geben und in 10 gleichmäßige Stücke teilen. Die Teigstücke zu etwa 12–15 cm langen Stangen formen und auf ein mit Backpapier ausgelegtes Backblech legen.

4. Die Teiglinge mit Ei bepinseln und mit den Saaten bestreuen. Jeden Strang dreimal schräg einschneiden.

5. Im vorgeheizten Backofen bei 260 °C (Ober- und Unterhitze) oder 240 °C (Umluft) 10 Minuten backen – die Stangen werden schöner, wenn sie bei Umluft gebacken werden! Anschließend die Temperatur auf 200 °C (Ober- und Unterhitze) oder 180 °C (Umluft) reduzieren und weitere 25–27 Minuten backen, bis die Stangen schön goldbraun sind. Werden die Stangen während der Backzeit zu dunkel, mit Backpapier abdecken.

6. Die fertigen Kornstangen aus dem Ofen nehmen und auf einem Kuchengitter auskühlen lassen.

Tipp zur Aufbewahrung

Die Stangen komplett auskühlen lassen. Dann jeweils mittig teilen und in einem Gefrierbeutel einfrieren. So können die gefrorenen Hälften direkt im Toaster aufgebacken werden.

Schwarzbrot

FÜR 1 BROT

¾ Würfel Frischhefe oder 1½ Pkg. Trockenhefe

100 g Reisvollkornmehl

100 g Teffmehl

50 g Kartoffelstärke

80 g Hirseflocken

75 g gepuffter Amarant

60 g Quinoa im Ganzen

60 g Leinsamen

60 g Sesam

2 EL Flohsamenschalenpulver

2 TL Traubenkernmehl

2 TL Salz

400 g Naturjoghurt (ggf. laktosefrei)

♥ *Joghurtersatz auf Lupinenbasis*

2 EL Melasse

2 EL Speiseöl

Außerdem

etwas glutenfreies Mehl für das Gärkörbchen oder Fett bzw. Öl für die Form (ggf. laktosefrei)

♥ *auf Milchbestandteile achten*

je 1 EL Leinsamen und Sesam

1. Frisch- oder Trockenhefe in 250 ml lauwarmem Wasser auflösen.

2. Alle trockenen Zutaten für das Brot in eine Rührschüssel geben und mischen.

3. Die restlichen Zutaten, auch das Hefewasser, zum Gemisch geben und alles gut verrühren. Der Teig soll eine weiche, aber dennoch knetbare Konsistenz aufweisen.

4. Den Teig in ein leicht bemehltes und mit Leinsamen und Sesam ausgestreutes Gärkörbchen einfüllen, alternativ in eine befettete und mit Leinsamen und Sesam ausgestreute Kastenform einfüllen. Mit etwas Wasser glatt streichen und an einem warmen Ort etwa 2 Stunden aufgehen lassen.

5. Den Teig aus dem Gärkörbchen auf ein mit Backpapier ausgelegtes Backblech stürzen. In der Kastenform kann der Teig gleich gebacken werden. Im vorgeheizten Backofen bei 160 °C (Ober- und Unterhitze, auf der mittleren Schiene) etwa 2 Stunden backen. Dabei eine feuerfeste, mit Wasser gefüllte Form auf den Backofenboden stellen. Das Schwarzbrot, das in der Kastenform gebacken wird, nach 1 Stunde auf ein mit Backpapier ausgelegtes Backblech stürzen und fertig backen.

6. Das fertige Brot aus dem Ofen nehmen und auf einem Kuchengitter auskühlen lassen.

Weißbrot mit Hefe

FÜR 1 KASTENBROT

1 Würfel Frischhefe oder 2 Pkg. Trockenhefe

200 g helles Reismehl

100 g Kartoffelstärke

200 g Maisstärke

20 g Flohsamenschalenpulver

1½ TL Salz

125 g Naturjoghurt (ggf. laktosefrei) ♥ *Joghurtersatz auf Sojabasis*

1 mittelgroße Kartoffel, gekocht und durch eine Kartoffelpresse gedrückt

1 Frisch- oder Trockenhefe in ½ l lauwarmem Wasser auflösen.

2 Alle trockenen Zutaten in eine Rührschüssel geben und mischen. Die restlichen Zutaten, auch das Hefewasser, zugeben und alles zu einem glatten Teig kneten.

3 Den Teig in eine mit Backpapier ausgekleidete Kastenform einfüllen, mit Wasser glatt streichen und an einem warmen Ort etwa 1 Stunde aufgehen lassen.

4 Im vorgeheizten Backofen bei 220 °C (Ober- und Unterhitze, auf der mittleren Schiene) etwa 1 Stunde backen. Dabei eine feuerfeste Form mit Wasser auf den Backofenboden stellen. Das fertige Brot aus der Form nehmen und auf einem Kuchengitter auskühlen lassen.

Weißbrot ohne Hefe

FÜR 1 KASTENBROT

200 g helles Reismehl

100 g Kartoffelstärke

200 g Maisstärke

20 g Flohsamenschalenpulver

1½ Pkg. Backpulver

1½ TL Salz

125 g Naturjoghurt (ggf. laktosefrei) ♥ *Joghurtersatz auf Sojabasis*

1 mittelgroße Kartoffel, gekocht und durch eine Kartoffelpresse gedrückt

500 ml Wasser mit Kohlensäure

1 Alle trockenen Zutaten in eine Rührschüssel geben und mischen. Die restlichen Zutaten zugeben und alles mit dem Rührgerät zu einem glatten Teig rühren.

2 Den Teig in eine mit Backpapier ausgekleidete Kastenform einfüllen, mit Wasser glatt streichen und im vorgeheizten Backofen bei 200 °C (Ober- und Unterhitze, auf der mittleren Schiene) etwa 75 Minuten backen. Dabei eine feuerfeste Form mit Wasser auf den Backofenboden stellen. Das fertige Brot aus der Form nehmen und auf einem Kuchengitter auskühlen lassen.

Laugengebäck

FÜR 10 STÜCK

Für den Teig

½ Würfel Frischhefe oder 1 Pkg. Trockenhefe

400 g helle glutenfreie Mehlmischung

50 g Tapioka- oder Kartoffelstärke

1 gestrichene TL Xanthan

1 TL Salz

½ TL Zucker

30 g Butter (ggf. laktosefrei)
♥ *vegane Margarine*

glutenfreies Mehl zum Formen

Für die Natronlauge

30 g Natronpulver (Natriumhydrogencarbonat)

Belag nach Geschmack

grobes Salz

Sesam

Mohn

Scheibenkäse (ggf. laktosefrei)
♥ *veganer Käseersatz*

1. Frisch- oder Trockenhefe in 400 ml lauwarmem Wasser auflösen. Alle trockenen Zutaten für den Teig in eine Rührschüssel geben und mischen. Hefewasser und Butter zugeben und einen gleichmäßigen Teig herstellen. Den Teig in der Rührschüssel belassen, abdecken und 30 Minuten bei Zimmertemperatur ruhen lassen.

2. Für die Natronlauge 500 ml Wasser in einem hohen Topf zum Kochen bringen. Natronpulver zugeben und einmal aufkochen lassen. Den Topf von der Kochstelle nehmen.

3. Den Teig auf eine gut bemehlte Arbeitsfläche geben und mit bemehlten Händen in 10 Stücke teilen. Jedes Teigstück nach Wunsch formen – z. B. zu Brezen, Stangen und Brötchen.

4. Die Natronflüssigkeit zum Kochen bringen, die Teiglinge in die siedende Flüssigkeit geben und 1 Minute sprudelnd kochen lassen. Zwischendurch einmal umdrehen, damit die Flüssigkeit gut an alle Teigstellen gelangt. Die Teiglinge mit einem Schaumlöffel herausnehmen, gut abtropfen lassen und auf ein mit Backpapier ausgelegtes Backblech legen.

5. Die Teiglinge auf Wunsch einschneiden und mit Salz oder Saaten bestreuen. Wer Käse-Laugenbackwaren herstellen möchte, belegt die Teiglinge erst unmittelbar vor dem Backen mit Scheibenkäse.

6. An einem warmen Ort 35 Minuten aufgehen lassen. Anschließend bei 190 °C (Ober- und Unterhitze, auf der mittleren Schiene) 28–38 Minuten backen. Das fertige Laugengebäck aus dem Ofen nehmen und abkühlen lassen.

Tipp

Größere Brötchen benötigen etwa 35–38 Minuten Backzeit. Bei Brezen und Backwerken aus dünnen Teigsträngen reichen rund 28–30 Minuten.

Theorie

Was ist Zöliakie?

Wer von Zöliakie betroffen ist, leidet unter einer chronischen Autoimmunkrankheit, die sich in einer Entzündung des Dünndarms äußert. Ursache ist eine lebenslange Unverträglichkeit des in handelsüblichen Getreidesorten vorkommenden Klebereiweißes, bekannt unter dem Namen „Gluten".

Weizen, Roggen, Gerste, Hafer (siehe: „Hafer in der glutenfreien Ernährung", Seite 153, Dinkel, Grünkern, Triticale sowie ältere Getreidesorten wie Emmer, Urkorn, Einkorn und Khorasan-Weizen enthalten Gluten, auf ihre Verwendung bei der Zubereitung von Speisen muss deshalb konsequent und auf Dauer verzichtet werden. Auch alle aus diesen Getreidesorten hergestellten Produkte dürfen Zöliakiebetroffene nicht verzehren.

Was geschieht im Körper?

Beim gesunden Menschen sorgen die sogenannten Darmzotten dafür, dass die Oberfläche des Dünndarms stark vergrößert ist und so Nährstoffe gut aufgenommen werden können. Diese Darmzotten können sich bei Zöliakiebetroffenen durch die Entzündung der Dünndarmschleimhaut fast vollständig zurückbilden. Man spricht hier von Zottenathropie, verursacht durch den Verzehr glutenhaltiger Lebensmittel. Diese dauerhafte Schädigung des Dünndarms führt dazu, dass die Nahrung nicht vollständig verwertet wird und sich Nährstoffdefizite bemerkbar machen.

Welche Symptome äußern sich?

Bei der klassischen Zöliakie zeigt sich meist das Vollbild der Erkrankung mit den typischen Symptomen: fettglänzende und massige Stühle, Durchfall, Verstopfung, Blähungen, aufgetriebener Leib, Bauchschmerzen, Völlegefühl, Übelkeit, Gewichtsverlust, Blutarmut, Müdigkeit, Abgeschlagenheit, Blässe, Depressionen, Appetitlosigkeit, Vitamin- und Mineralstoffmangel. Bei Kindern können zusätzlich Symptome wie verzögerte Pubertät, Weinerlichkeit, Unlust oder Gedeihstörungen auftreten.

Wie Zöliakie letztendlich entsteht, konnte wegen der komplexen Zusammenhänge noch nicht abschließend geklärt werden. Bislang wurden erbliche Faktoren sowie Zusammenhänge mit Infektionen, Ernährung und dem Immunsystem festgestellt.

Für eine sichere Diagnose bei auftretenden Zöliakiesymptomen sind ein Antikörpersuchtest sowie eine Dünndarmbiopsie empfehlenswert. Schnelltests für zu Hause sind kein Ersatz für eine ärztliche Diagnose, eine entsprechende Labordiagnostik ist unabdingbar, um Unsicherheiten auszuschließen. Von einer eigenständigen Ernährungsumstellung vor Diagnosestellung ist dringend abzuraten, damit die Testergebnisse nicht verfälscht werden.

Behandlung der Zöliakie

Die einzige Behandlungsmethode bei Zöliakie ist eine lebenslange glutenfreie Ernährung. Medikamente zur Linderung oder Heilung dieser Autoimmunerkrankung gibt es nicht. Wird die glutenfreie Diät fehlerlos und konsequent eingehalten, bildet sich die Dünndarmschleimhaut wieder komplett aus und erholt sich binnen kurzer Zeit. Wer

"

Eine gute Küche
ist das Fundament
allen Glücks.

"

Auguste Escoffier

sich an alle Diätregeln hält, spürt bereits während der ersten Tage bis Wochen eine deutliche Besserung der Symptome. Folgeerkrankungen sind jetzt nahezu ausgeschlossen, doch kann es bis zu einem Jahr dauern, ehe sich die Dünndarmschleimhaut wieder vollständig regeneriert hat.

Gluten konsequent und lebenslang vermeiden!

Tatsächlich müssen sich Zöliakiebetroffene ihr Leben lang glutenfrei ernähren. Auch wer sich nach mehreren Jahren Diät beschwerdefrei fühlt, kann nicht wieder auf „normale", also glutenhaltige Kost umsteigen. Die Dünndarmschleimhaut sowie das Immunsystem würden nach dem Essen von glutenhaltigen Produkten sofort mit den bekannten Beschwerden reagieren, die Zöliakiesymptome würden erneut ausbrechen.

Gluten ist auch in Produkten enthalten, an die man zunächst nicht denkt. Tabletten, Lippenstifte, Zahnpasta, Eiscreme, Gewürzmischungen, Käse, Malzbier, Teemischungen mit Aromen, Wurst – das alles sind Produkte, in denen Gluten eingesetzt werden kann. Damit eine glutenfreie Ernährung sichergestellt ist, sind die Produzenten zu einer entsprechenden Kennzeichnung verpflichtet. Die Angabe der 14 deklarationspflichtigen Hauptallergene, zu denen auch Gluten gehört, muss bei allen verpackten sowie losen Lebensmitteln und Gerichten berücksichtigt werden.

Eine weitere Hilfe für eine gesicherte glutenfreie Ernährung stellen die umfangreichen Publikationen über glutenfreie Lebens- und Arzneimittel sowohl der „Deutschen Zöliakie-Gesellschaft" (DZG) als auch der „Österreichischen Arbeitsgemeinschaft Zöliakie" dar. Schnell und gezielt stehen die umfangreichen Produktlisten in Buchform oder als App zur Verfügung. Durch eine Mitgliedschaft bei den Vereinigungen erhält man ausführliches Informationsmaterial, viele Tipps und vor allem ärztliche Hilfestellung rund um das Thema Zöliakie.

Glutenfrei im Alltag

Die Auswahl an glutenfreien Produkten ist mittlerweile vielseitig und bietet gute und abwechslungsreiche Alternativen für zahlreiche glutenhaltige Produkte. Man findet nicht nur in einschlägigen Geschäften, sondern auch in den meisten Supermärkten ein breites Sortiment. Darüber hinaus kann man über spezielle Online-Versandhändler eine beachtliche Auswahl sowohl an frischen als auch an haltbaren glutenfreien Lebensmitteln beziehen. Auf Restaurantbesuche, Ausflüge oder Urlaubsreisen müssen Zöliakiebetroffene nicht länger verzichten. Viele Hotel- und Gastronomiebetriebe produzieren selbst glutenfreie Speisen und immer häufiger ist eine Auswahl für Mehrfachallergiker erhältlich. In einschlägigen Internetforen finden Betroffene eine Vielzahl an Rezepten, Urlaubstipps und Informationen zur glutenfreien Ernährung.

Kontamination vermeiden!

Damit Glutenfreies auch wirklich glutenfrei bleibt, beachten Sie bitte Folgendes:

- Verwenden Sie für glutenfreie Produkte nicht dieselben Toaster und Brotschneidemaschinen, die für glutenhaltige Produkte verwendet werden.
- Gluten kann sich in Holzrillen festsetzen. Gegenstände aus Holz, wie z. B. ein Nudelholz oder ein Schneidebrett, sollten deshalb durch Gegenstände aus anderen Materialien ersetzt werden.
- Die Arbeit mit unterschiedlichen Koch- und Backutensilien für glutenfreie und glutenhaltige Kost ist sehr wichtig – vor allem, wenn Sie beides gleichzeitig zubereiten.

Glutenhaltige Lebensmittel und Zubereitungen, in denen Gluten enthalten sein kann

Backzutaten

Backpulver, Tortenguss, Sahnestandmittel, Kuvertüre, gefärbte Gelatine

Essig und Würzsoßen

Senf, Mayonnaise, Meerrettich, Ketchup, Soßen, Chutney, Dressing, Sojasoße, Branntweinessig, Kräuteressig, Malzessig, Brühe und Bouillon

Fette und Öle

Fette und Öle mit Zusatzstoffen wie Kräuter und/oder Gewürze, Halbfettprodukte, Diät- und Lightprodukte

Fisch und Meeresfrüchte

Panierter und/oder bemehlter Fisch, gebackene Tintenfischringe, Fischstäbchen, Bratfisch, Bratrollmops, Fischkonserven, Surimi, Fisch und Meeresfrüchte mit Würzsoßen

Fleisch und Fleischprodukte

Fleisch in bemehlter, panierter, marinierter und/oder gewürzter Form, Wurst, Pasteten, Würstchen, Frikadellen, Fleischfüllungen, Seitan (Fleischersatz aus Weizen)

Gemüse und Hülsenfrüchte

Fertig- und Halbfertigprodukte aus Kartoffeln wie Kartoffelteig, Kartoffelknödel, Reibekuchen, Rösti, Puffer, Kroketten, Kartoffelsalat, Pommes frites, Chips, Tiefkühl-Gemüse mit Zusatzstoffen und/oder Gewürzmischungen, Hülsenfrüchte als Zutat in Fertig- oder Halbfertiggerichten, Röstzwiebeln

Getränke

Getreidekaffee, Malzkaffee, Kaffeefertiggetränke, Kaba, Milchmischgetränke, aromatisierter Tee, aromatisiertes Wasser, Malzbier, Limonade, Brause, Cola, Fruchtsaftgetränke, Gemüsesaftgetränke, Säfte mit ballaststoffhaltigen Zusätzen, Liköre, Whiskey (z. B. Malt-Whiskey), Glühwein, Punsch

Getreide und Getreideprodukte

Weizen, Roggen, Gerste, Dinkel, Einkorn, Urkorn, Emmer, Triticale, Khorasan-Weizen, Grünkern, Hafer (siehe rechts: „Hafer in der glutenfreien Ernährung").
Alle Produkte aus oben genannten Getreidesorten: Backwaren, Grieß, Graupen, Flocken, Grütze, Schrot, Kleie, Teigwaren, Sprossen, Paniermehl, Couscous, Bulgur, Seitan, Müsli, Frühstückscerealien

Gewürze und Kräuter

Gewürzmischungen wie Currypulver, Kräutersalz, aromatisierte Gewürzzubereitungen

Knabberartikel

Chips, Erdnussflips, Nachos, Salzstangen, Salzbrezeln, gewürzte Nüsse und Mandeln

Milch und Milchprodukte

Milchprodukte mit Zusatzstoffen und/oder Fruchtzubereitungen und/oder Cerealien, Milchmischgetränke, Käsezubereitungen, Schmelzkäse, Harzer Käse, Käseimitate, Schimmelkäse, Butter mit Zusätzen und/oder Kräutern bzw. Knoblauch, geriebener oder gewürfelter Käse, der als Trennmittel Gluten enthält

Obst

Obstzubereitungen, eingedickte Früchte, Grütze, Trockenfrüchte, Tiefkühl-Obst mit Geschmackszutaten

Süßungsmittel

Gerstenmalz, Gerstenmalzextrakt, aromatisierter Zucker, Süßstoff, Diabetikersüße

Süßwaren

Waffeln, Kekse, Schokolade, Fruchtgummi, Kaugummi, Malzbonbons, Lakritze, Puffreis, Popcorn, Eis, Softeis, kandierte Nüsse und Mandeln, Studentenfutter, Pudding, Nuss-Nougat-Creme, Süßwaren mit Cerealien

Zusatzstoffe

Aromen, Konservierungsstoffe, Feuchthaltemittel, Trennmittel, Bindemittel

Hafer in der glutenfreien Ernährung

Wer die Diagnose Zöliakie bereits vor Jahren erhalten hat, kennt Hafer nur als glutenhaltiges Getreide und musste es im Rahmen einer glutenfreien Ernährung strikt meiden. Grund für das konsequente Meiden von Hafer und den daraus hergestellten Produkten ist die Kontamination durch Anbau und Verarbeitung mit glutenhaltigen Getreidesorten wie Dinkel, Gerste, Roggen oder Weizen.

Seit einiger Zeit sind jedoch glutenfreie, also nicht kontaminierte Haferprodukte im Handel erhältlich, die gesondert für Zöliakiebetroffene verarbeitet werden und daher Teil einer glutenfreien Ernährung sein können. Hafer ist nicht nur eine wohlschmeckende Bereicherung für den Speiseplan, sondern er enthält viele wertvolle Nähr- und Ballaststoffe. Eine tägliche Verzehrmenge nicht kontaminierten Hafers von bis zu 50 Gramm für Erwachsene und bis zu 25 Gramm für Kinder wird als verträglich angesehen. Zu erkennen sind die glutenfreien Haferprodukte am Symbol der durchgestrichenen Ähre und versehen mit dem Hinweis „oats“ (engl. für Hafer). Somit ist klar ersichtlich, dass es sich um ein lizensiertes Produkt aus nicht kontaminiertem Hafer handelt.

Jedoch wird glutenfreier Hafer nicht von allen Zöliakiebetroffenen gleichermaßen toleriert. Um mögliche gesundheitliche Schäden durch nicht kontaminierten Hafer zu erkennen, ist eine ärztliche Betreuung mit entsprechenden Antikörper-Kontrolluntersuchungen anzuraten.

- Frittierfett, in dem schon glutenhaltige Speisen zubereitet wurden, darf nicht für die Zubereitung von glutenfreier Kost verwendet werden.
- Nehmen Sie zum Essen immer ein eigenes Brotmesser, Brettchen oder einen eigenen Teller. Streichen Sie z. B. das glutenhaltige Brot der Kinder nicht auf Ihrem glutenfreien Teller.
- Mahlen Sie glutenfreies Getreide in einer anderen Getreidemühle als glutenhaltige Getreidesorten. Das gilt auch für das Einmahlen der Getreidemühle: Immer mit glutenfreiem Getreide arbeiten!
- Lagern Sie glutenfreie und glutenhaltige Backwaren immer getrennt!

Glutenfreie Mehl- und Stärkesorten

Bevor glutenfreie Ernährung ein Thema war, wurde stets Weizenmehl für helle und Roggenmehl für dunkle Backwaren verwendet. Heute gibt es eine Vielzahl an verträglichen Mehl- und Stärkesorten für eine glutenfreie Ernährung.

Glutenfreie Binde- und Verdickungsmittel

Teige aus herkömmlichen Mehlsorten zeichnen sich durch ihre wunderbare Beschaffenheit und Elastizität aus, was dem Klebereiweiß Gluten zu verdanken ist. Um eine gute Teigbeschaffenheit zu erzielen, werden glutenfreien Mehlsorten Binde- und Verdickungsmittel beigegeben. Die gängigsten Binde- und Verdickungsmittel in der glutenfreien Küche sind nachfolgend beschrieben.

Gemahlene Flohsamenschalen (Psyllium)

bezeichnen die Samenkapseln einer Wegerichart. Sie sind geschmacksneutral und zeichnen sich durch eine besonders gute Flüssigkeitsaufnahme aus, die dem Backwerk eine gute Bindung und eine saftige Konsistenz verleiht. Für ein Brot mit einem Mehlanteil von 500 Gramm rührt man 2 Teelöffel gemahlene Flohsamenschalen in die zu verwendende Flüssigkeit, lässt sie 15 Minuten quellen, gibt sie dann zum Mehl und fährt nach Rezept fort. Gerne können gemahlene Flohsamenschalen auch gleich direkt zum Mehl gemischt werden.

Xanthan (E 415)

ist ein perfektes Binde- und Verdickungsmittel für Hefe-, Mürbe- und Quark-Öl-Teig. Es verhilft Hefeteig und Quark-Öl-Teig zu einer weichen, elastischen und viskosen Textur. Bei glutenfreiem Mürbeteig verhindert Xanthan ein übermäßiges Bröseln des Teiges. Zu viel davon lässt Teige allerdings gummiartig werden und erschwert die Verarbeitung. Pro 250 Gramm glutenfreies Mehl empfehle ich einen gestrichenen Teelöffel Xanthan.

Guarkernmehl (E 412)

wird aus den Samen der Guarbohne gewonnen. Es ist in der Lage, große Wassermengen zu binden und sorgt somit für eine positive Teigstruktur und für Volumen. Pro 250 Gramm glutenfreies Mehl wird 1 Teelöffel Guarkernmehl verwendet.

Johannisbrotkernmehl (E 410)

wird aus den Samen des Johannisbrotbaumes gewonnen. Johannisbrotkernmehl besitzt eine hohe Quellfähigkeit und bindet Wasser sehr gut. Es ähnelt bezüglich seiner positiven Eigenschaften Guarkernmehl und wird gleich eingesetzt.

"Eure Nahrungsmittel sollen
eure Heilmittel sein und
eure Heilmittel sollen
eure Nahrungsmittel sein."

Hippokrates von Kos

Glutenfreie Lebensmittel und Produkte

Aufstriche
Nussmus, Mandelmus, Honig, reine Marmeladen, Konfitüre und Gelee, Pflaumenmus

Backzutat
Frisch- und Trockenhefe

Bindemittel und Stärkemehl
Reine Mais-, Reis-, Kartoffel- und Tapiokastärke, Pfeilwurzelstärke, Guarkernmehl, Johannisbrotkernmehl, Agar-Agar, Kuzu, Xanthan, Pektin, Weinsteinbackpulver

Eier
Eigelb und Eiweiß

Fette und Öle
Alle reinen Fette, Öle, Butter, Schweine- und Butterschmalz

Fisch und Meeresfrüchte
Alle Sorten Fisch, geräucherter Fisch und Meeresfrüchte in naturbelassener, ungewürzter und unpanierter Form, Algen

Fleisch und Fleischersatzprodukte
Alle Sorten Fleisch und Innereien in naturbelassener, ungewürzter und unpanierter Form, naturbelassener Tofu

Gemüse, Kräuter, Pilze
Alle naturbelassenen Gemüsesorten, TK-Gemüse ohne Zusätze, Kräuter und naturbelassene Kräutermischungen, alle Sorten naturbelassener Pilze

Getränke
Reine Teesorten ohne Aromen, reine Frucht- und Gemüsesäfte, reine Nektare, Bohnenkaffee sowie Instant-Bohnenkaffee, Wasser, Sojadrink, Wein, Sekt, Most, Rum, Prosecco, Arrak, Gin, Korn, Branntwein, glutenfreies Bier

Getreide, Pseudo-Getreide und Süßgräser
Amarant, Buchweizen, Canihua, glutenfreier Hafer (siehe: „Hafer in der glutenfreien Ernährung“, Seite 153), Hirse (alle Sorten, auch Teff), Mais, Quinoa, Reis, Wildreis

Gewürze
Alle reinen Gewürze ohne Füllstoffe und weitere Zusätze

Hülsenfrüchte
Bohne, Erbse, Kichererbse, Linse, Mungbohne, Sojabohne (Achtung, bei einigen Hülsenfrüchten können glutenhaltige Rankhilfen zum Einsatz kommen!)

Kartoffeln, Wurzeln und Co.
Kartoffel, Maniok, Süßkartoffel, Yams

Milch und Milchprodukte
Naturbelassene Milch und alle naturbelassenen Milchprodukte

Nüsse und Samen
Alle naturbelassenen Nusssorten, Mandeln, naturbelassene Ölsamen: Leinsamen, Mohn, Sesam, Sonnenblumenkerne, Traubenkerne, Kürbiskerne, Pinienkerne, Edelkastanie/Marone

Obst
Alle naturbelassenen Obstsorten, Tiefkühl-Obst ohne Zusätze, ungeschwefelte Früchte

Süßungsmittel
Haushaltszucker, Puderzucker, Kandiszucker braun und weiß, brauner Zucker, Traubenzucker, Fruchtzucker, Zuckerrübensirup, Reissirup, Agavendicksaft, Apfeldicksaft, Milchzucker, Honig, Zuckercouleur, Maltodextrin. Dextrin und Glukosesirup aus Weizen oder anderen Getreidesorten sind aufgrund des Herstellungsprozesses glutenfrei.

Würzmittel
Essigessenz, Obstessig, Aceto balsamico, originales Tamari

Glutenfreie Mehl- und Stärkesorten

Glutenfreie Mehlersatzsorten

Amarantmehl, Braunhirsemehl, Hirsemehl und Sorghummehl, Buchweizenmehl, Canihuamehl, glutenfreies Hafermehl (jedoch ausschließlich mit der Deklaration „glutenfrei". Siehe: „Hafer in der glutenfreien Ernährung", Seite 153), Kartoffelmehl, Klebreismehl, Kochbananenmehl, Lupinenmehl, Maismehl, Montinamehl, Quinoamehl, Reis- und Reisvollkornmehl, Sojamehl, Süßkartoffelmehl, Teffmehl

Glutenfreies Stärkemehl

Kartoffelstärke, Maisstärke, Reisstärke, Tapiokastärke

Glutenfreie Mehle aus Nüssen, Saaten und Bohnen

Cashewmehl, Haselnussmehl, Kastanienmehl, Kichererbsenmehl, Kokosmehl, Macadamiamehl, Mandelmehl, Pekannussmehl, Pistazienmehl, Sojamehl, Traubenkernmehl, Walnussmehl

Glutenfreie Back- und Mehlmischungen

Glutenfreie Backmischungen

sind im Handel für zahlreiche verschiedene Brotsorten, aber auch für Kuchen, Kekse und Waffeln erhältlich. Die Zubereitung gelingt problemlos und die nötigen Zutaten, die meist nur noch aus Wasser und Hefe für Brot oder aus Eiern, Butter und Milch für Kuchen bestehen, bringen rasch und unkompliziert ein gutes Backergebnis hervor. Leider enthalten diese fertigen Backmischungen häufig Bestandteile wie Zucker und Milchpulver und sind somit bei weiteren Unverträglichkeiten gegen Milcheiweiß, Fruktose und Laktose nicht geeignet.

Glutenfreie Mehlmischungen

hingegen bestehen meist aus einer Mischung aus glutenfreiem Mehl, glutenfreiem Stärkemehl und einem Binde- und Verdickungsmittel, die optimal abgestimmt sind. Nicht nur während der Anfangsphase der Ernährungsumstellung sind solche Fertigmehlmischungen gut geeignet, um schnell und einfach ein schmackhaftes Ergebnis zu erzielen. Die Wahl der richtigen Mehlmischung hängt vom persönlichen Geschmack und der gewünschten Textur des Gebäcks ab. Bei Mischungen aus glutenfreien Vollkorngetreidesorten werden Backwaren kompakter und wenig luftig, aber durchaus geschmackvoll. Bei Mehlmischungen ohne Vollkornanteil wird das Backwerk meist weicher und luftiger.

Mehlmischungen, selbst gemacht

Helle, feine Mehlmischungen für Kuchen wie Biskuit, Brandteig, Hefeteig, Mürbeteig, Strudelteig, süße Mehlspeisen und helle Brotsorten, Brötchen, Pizza

A

400 g Reisstärke, 300 g Reismehl,
250 g Kartoffelstärke, 50 g Maismehl,
20 g gemahlene Flohsamenschalen,
2 TL Johannisbrotkernmehl.

Durch den hohen Stärkeanteil in dieser Mischung erhalten die Backwaren eine feine und luftige Textur.

B

640 g Reismehl, 200 g Kartoffelstärke,
100 g Maismehl, 60 g Tapiokastärke,
20 g gemahlene Flohsamenschalen,
2 TL Guarkernmehl.

C

500 g Maismehl, 200 g Amarantmehl,
240 g Maisstärke, 60 g Kartoffelstärke,
20 g gemahlene Flohsamenschalen,
2 TL Johannisbrotkernmehl.

Diese beiden Mehlmischungen bringen aufgrund des niedrigeren Stärkeanteils eher kompakte Backwaren und Gerichte hervor, die Vollkornprodukten ähneln.

Dunkle, rustikale Mehlmischungen für mischbrotähnliche Brot- und Brötchensorten sowie herzhafte Backwaren aus pikantem Mürbeteig

A

400 g Maisstärke, 300 g Reismehl,
200 g Kartoffelstärke, 100 g Teffmehl,
20 g gemahlene Flohsamenschalen,
2 TL Johannisbrotkernmehl,
1 TL Traubenkernmehl.

Diese Mehlmischung hat einen hohen Stärkeanteil für luftige Backwaren.

B

300 g Kastanienmehl, 200 g Hirsemehl,
200 g Buchweizenmehl, 300 g Maisstärke,
20 g gemahlene Flohsamenschalen,
2 TL Johannisbrotkernmehl.

C

300 g Buchweizenmehl, 300 g Teffmehl,
300 g Kartoffelstärke, 100 g Tapiokastärke,
20 g gemahlene Flohsamenschalen,
2 EL Traubenkernmehl, 2 TL Guarkernmehl.

Diese beiden Mehlmischungen haben einen geringeren Stärkeanteil und bringen eher kompakte Backwaren hervor.

Nudelmehl

750 g Kartoffelstärke, 250 g Reismehl,
20 g gemahlene Flohsamenschalen,
2 TL Johannisbrotkernmehl.

Für Teigwaren aller Art wie Spätzle, Lasagneteigplatten, Ravioli, Maultaschen, Cannelloni und alle weiteren Nudelausformungen.

Tipps zu den Mehlmischungen in den Rezepten

Die in den Rezepten beschriebenen Mengenangaben sind jeweils auf die Mehlmischungen mit hohem Stärkeanteil ausgelegt. Auch fertige handelsübliche Mehlmischungen haben meist einen hohen Stärkeanteil für luftigere Backwaren und um die Textur herkömmlicher Backwaren bestmöglich erreichen zu können. Damit gelingsichere Backwaren entstehen, kann je nach Wunsch auf eine fertige handelsübliche Mehlmischung zurückgegriffen oder die angegebene Mehlmischung mit hohem Stärkeanteil selbst hergestellt werden. Natürlich kann auch eine Mehlmischung mit niedrigerem Stärkeanteil verwendet werden, zu beachten ist hierbei jedoch ein leicht verminderter Flüssigkeitsbedarf. Sind im Rezept weitere Binde- und Verdickungsmittel wie Flohsamenschalen und Xanthan aufgeführt, diese aber bereits in der selbst gemischten Mehlsorte enthalten, so müssen die angegebenen Binde- und Verdickungsmittel trotzdem zwingend zugegeben werden, um ein optimales Ergebnis zu erhalten.

Die Meisterdisziplin: Glutenfreies Backen

In der glutenfreien Bäckerei kommen völlig neue Rohstoffe zum Einsatz, die in ihren Eigenschaften unterschiedlicher kaum sein können. Während man es bei Weizenmehl gewohnt ist, schnell und einfach einen Mürbeteig herzustellen, kämpft man in der glutenfreien Variante anfänglich nur damit, die Brösel zu einem Teig zusammenzuhalten. Wie im Abschnitt „Glutenfreie Mehl- und Stärkesorten“ erklärt, ist die richtige Mehlmischung mit einem optimalen Binde- und Verdickungsmittel ausschlaggebend für ein gutes Ergebnis, aber auch die Teigkonsistenz muss stimmen. Glutenfreie Teige sollten generell nicht zu fest sein, da das Endprodukt dann entsprechend trocken ausfällt. Es gilt auch hier: Übung macht den Meister!

Der glutenfreie Biskuit

Biskuit ist die klassische Basis für Obstkuchen, Torten und Biskuitrouladen. So gelingt der glutenfreie luftig-weiche Kuchenteig: Eier trennen und jeweils das Eiweiß und das Eigelb mit der Hälfte des Zuckers sehr steif schlagen. Glutenfreies Mehl und Backpulver mischen, auf die Eigelbmasse sieben, aber noch nicht verrühren. Die Eiweißmasse ebenfalls zugeben und sogleich alle Komponenten vorsichtig und rasch mit einem Schneebesen zu einem lockeren Teig verbinden.

Der glutenfreie Brandteig

Bei dieser eireichen Teigmasse ist eine „gute“ Hitze notwendig, um ein optimales und luftiges Backergebnis zu erzielen. Es empfiehlt sich, die angegebene Temperatur und Zeit je nach Rezept exakt einzuhalten. Ist die Temperatur zu niedrig oder die Backzeit zu kurz, so fällt das Brandteiggebäck während des Auskühlvorganges rasch in sich zusammen und ist nicht mehr genießbar. Auch das Öffnen der Backofentüre während des Backvorganges ist zu vermeiden!

Der glutenfreie Rührteig

Die Konsistenz der glutenhaltigen Rührmasse wird in Rezepten oft als „zäh“ oder „schwer reißend vom Löffel lösend“ beschrieben. Wird glutenfreier Rührteig mit dieser Teigkonsistenz zubereitet, so ist ein locker-weiches Backergebnis ausgeschlossen. Der glutenfreie Kuchen ist dann bröselig und sehr trocken. Glutenfreier Rührteig muss eine cremig-weiche Textur auf-

„

Der Magen ist
das Gewissen
des Leibes.

“

Unbekannt

weisen, um ein schmackhaftes Backergebnis zu erzielen. Die nötige Konsistenz hat einen Mehrbedarf an Feuchtigkeit und wird durch Zugabe von Wasser, Milch oder Eiern erreicht.

Der glutenfreie Mürbeteig

Die Verarbeitung der Zutaten sollte rasch und nach Möglichkeit mit kalten Händen erfolgen. Um eine gleichmäßige und gut knetbare Teigstruktur zu erhalten, ist ein Binde- und Verdickungsmittel wie Xanthan notwendig, auch um das übermäßige Bröseln des glutenfreien Mürbeteiges zu verhindern. Mürbeteig benötigt vor dem Backen eine Kühlzeit. Meist lässt sich jedoch glutenfreier Mürbeteig nach der Kühlzeit nur schwer weiterverarbeiten und ausrollen. Um den Teig rasch und einfach in die gewünschte Kuchenform zu bringen, empfiehlt es sich, den Mürbeteig bereits unmittelbar nach der Herstellung auszurollen und die Backform damit auszulegen. Nun kann der Mürbeteig mitsamt der Backform gekühlt werden und nach der Kühlzeit gleich der nächste Arbeitsschritt erfolgen.

Der glutenfreie Hefeteig

Der Hefeteig ist die in unserer Gesellschaft am weitesten verbreitete Teigart. Seit vielen Jahren halte ich „glutenfreie Koch- und Backkurse" und stets berichten von Zöliakie betroffene Teilnehmerinnen und Teilnehmer über die erfolglose Herstellung von glutenfreiem Hefeteig. Warum der glutenfreie Hefeteig während der ersten glutenfreien Backversuche nicht gelingen mag, liegt daran, dass glutenfreier Hefeteig eine von Grund auf veränderte Herstellung benötigt.

Tipps für gelingsicheren Hefeteig

» **Hefe auflösen:** Es spielt keine Rolle, ob Trocken- oder Frischhefe verwendet wird. Wichtig ist jedoch, dass diese in der lauwarmen Flüssigkeit, die im Rezept vorgeschrieben ist, aufgelöst wird. Unter lauwarm versteht man eine Temperatur von etwa 30 bis 35 °C. Wird Hefe vor oder während der Aufgehzeit zu großer Hitze ausgesetzt, also einer Temperatur von über 37 °C, so kann sie nicht oder nicht mehr ausreichend arbeiten bzw. aufgehen.

» **Vorteig:** Es ist nicht zwingend notwendig, einen Vorteig zuzubereiten, wer aber möchte, kann diesen aus Flüssigkeit, wenig glutenfreiem Mehl und Hefe anrühren. Das flüssige Gemisch 10 Minuten an einem warmen Ort aufgehen lassen.

» **Teigkonsistenz:** Für den Hefeteig gibt man alle trockenen Zutaten in eine Rührschüssel und vermischt diese. Anschließend alle restlichen Zutaten, auch die Hefeflüssigkeit, zum Mehlgemisch geben und alles zu einem glatten Teig kneten. Der Teig soll stets eine weiche, aber dennoch knetbare Beschaffenheit aufweisen. Ist er zu fest, wird das Endprodukt entsprechend trocken und hart. Bei Bedarf mit Wasser oder Milch regulieren.

» **Teig in Form bringen:** Glutenfreie Teige sind für ihre häufig sehr klebrige Beschaffenheit bekannt. Um sie in Form zu bringen, werden die Arbeitsfläche, der Teig und die Hände stets gut bemehlt. Es sollte jedoch nicht das ganze

„Arbeitsmehl" eingearbeitet werden, sonst wird das Endergebnis trocken. Das Mehl wird lediglich in kleinen Mengen zum Formen benötigt. Ist der Teig besonders klebrig, empfiehlt sich eine Ruhezeit von 30 Minuten. Der Teig kann dann quellen und anschließend gut verarbeitet werden.

» **Aufgehvorgang:** Mehrere Aufgehzeiten trocknen glutenfreien Hefeteig aus und machen den Teig schwer und bröselig. Deshalb ist eine einmalige Aufgehzeit für glutenfreien Hefeteig völlig ausreichend. Danach gehen Sie folgendermaßen vor: Den hergestellten Hefeteig in Form bringen. Zum Beispiel für Blechkuchen und Pizza ausrollen und auf ein befettetes oder mit Backpapier ausgelegtes Backblech geben. Für Hefezöpfe oder -schnecken ausrollen, mit der Füllung bestreichen, Zopf oder Schnecken formen, auf ein mit Backpapier ausgelegtes Backblech geben. Nun den ausgerollten Teig oder die Teiglinge an einem warmen Ort nach Rezeptangabe aufgehen lassen. Die Teiglinge werden anschließend sofort gebacken bzw. für Pizza belegt und dann gebacken.

» **Aufgehumgebung:** Hefeteig benötigt eine warme Umgebung, damit er optimal aufgehen kann. Hierfür bietet sich der lauwarme Backofen sehr gut an. Dort ist eine konstante Temperatur zu erreichen und der Teig ist vor Zugluft geschützt. Den Backofen für 10 Minuten auf 50 °C aufheizen. Dann ausschalten und einige Minuten warten, bis eine angenehme und milde Wärme zu spüren ist, etwa 30 bis 35 °C. Ist der Ofen zu warm, so bildet sich auf der Teigoberfläche eine dünne Kruste und der Teig geht nicht mehr auf. Die Teiglinge oder den ausgerollten Hefeteig in den Ofen geben und nach Rezeptangabe bis zu einer Stunde bei geschlossener Backofentür aufgehen lassen. Den Hefeteig nicht länger als im Rezept beschrieben aufgehen lassen, sonst kann es sein, dass er in sich zusammenfällt und das fertige Gebäck an Luftigkeit verliert.

So gelingt der Hefeteig mit Vorteig

» **Vorteig zubereiten:** Das Mehl in eine Schüssel sieben. Eine Mulde in das Mehl drücken. Die Hefe (Trocken- oder Frischhefe) hineinbröckeln und mit etwas Zucker bestreuen. Dann die Hefe mit wenig Mehl und wenig lauwarmer Flüssigkeit zu einem flüssigen Brei anrühren. Die verwendete Flüssigkeit sollte stets lauwarm sein (30 bis 35 °C). Die Schüssel mit einem Geschirrtuch abdecken und an einem warmen Ort 10 Minuten ruhen lassen.

» **Vorteig herstellen:** Alle restlichen Zutaten für den Hefeteig mit in die Schüssel geben und gut verkneten. Den Teig auf eine bemehlte Arbeitsfläche geben, mit den Händen kneten und in die gewünschte Form bringen. An einem warmen Ort nach Rezeptangabe aufgehen lassen und anschließend fertig backen.

So bereiten Sie einen Hefeteig im All-in-Verfahren

Das Mehl in eine Schüssel sieben und alle trockenen Zutaten für den Teig untermischen. Die Trocken- oder Frischhefe in der lauwarmen Flüssigkeit auflösen und mit allen weiteren flüssigen und feuchten Zutaten zum Mehlgemisch geben. Mit einem Kochlöffel oder einem

> Man kann nicht
> gut denken, gut lieben,
> gut schlafen, wenn man nicht
> gut gegessen hat.

Virginia Woolf

Rührgerät rasch alle Zutaten verkneten. Den Teig auf eine mit glutenfreiem Mehl bestäubte Arbeitsfläche geben und kurz mit den Händen kneten, bis er glatt und weich, aber dennoch gut knetbar ist. Den Teig auf der bemehlten Arbeitsfläche je nach Rezept in Form bringen. An einem warmen Ort nach Rezeptangabe aufgehen lassen und anschließend backen.

So wird glutenfreies Brot saftiger

» **Brühstück:** So nennt man ausgequollene Körner, die man dem Teig zugibt, um eine saftige Konsistenz zu erreichen. Für ein Brot kann etwa ein Drittel der Mehlmenge durch ganze Körner aus Reis, Hirse, Quinoa, Buchweizen und Amarant ersetzt werden. Die Körner werden in der doppelten Menge Wasser 15 bis 20 Minuten gekocht. Die Masse auskühlen und über Nacht im Kühlschrank ausquellen lassen.

» **Joghurt oder Quark:** Ein Teil der Flüssigkeit kann durch Joghurt oder Quark (ggf. laktosefrei) ersetzt werden. Das Backwerk wird dadurch saftiger und trocknet nicht so leicht aus. Bei einer Milcheiweißunverträglichkeit können vegane Joghurtalternativen auf Kokos-, Lupinen- oder Sojabasis verwendet werden. Quark kann durch Seidentofu oder Quarkersatz auf Sojabasis ausgetauscht werden.

» **Kartoffeln oder Reis:** Gekochte und durch eine Kartoffelpresse gedrückte Kartoffeln oder gekochter Reis machen glutenfreies Brot saftiger. Bereits einige Esslöffel reichen für ein Brot aus.

» **Sauerteig:** Besonders saftig und wohlschmeckend wird glutenfreies Brot durch die Zugabe von Sauerteig. Nicht nur am Backtag bringt dieser seine besonderen Vorzüge zum Vorschein, das Brot schmeckt auch nach Tagen noch sehr saftig. Um in den Genuss von frisch gebackenem Sauerteigbrot zu kommen, ist ein Sauerteigansatz notwendig.

Weitere Tipps zu Brot und Brötchen

» **Backformen:** Zum Einfetten der Backformen kann Öl, Butterschmalz, Margarine oder Butter verwendet werden. Zum Ausstreuen der Backformen eignet sich glutenfreies Paniermehl sehr gut. Je nach Verträglichkeit können Backformen auch mit gemahlenen Nüssen, Mandeln oder Ölsamen ausgestreut werden.

» **Oberflächenbehandlung:** Benetzen Sie den Teig vor dem Backen mit Wasser, Öl, Sahne oder verquirltem Ei. Die Oberfläche trocknet somit nicht aus. Brot und Brötchen erhalten eine schöne Kruste.

» **Brot aufbewahren:** Frisch gebackenes Brot schmeckt köstlich. Um die Frische zu erhalten, schneidet man das Brot am besten sofort nach dem Auskühlen in Scheiben und friert es ein. Die Scheiben können Sie dann nach Bedarf aus dem Tiefkühlschrank nehmen und auftauen lassen oder gefroren direkt in den Toaster (Auftaufunktion) geben.

Laktoseintoleranz

W

Wer unter einer Laktoseintoleranz leidet, verträgt keinen Milchzucker (Laktose). Ursache dafür ist ein Mangel am Enzym Laktase.

Symptome einer Laktoseintoleranz

Die Laktase sorgt in der Dünndarmschleimhaut für die Aufspaltung der Laktose in ihre Bestandteile Glukose (Traubenzucker) und Galaktose (Schleimzucker). Findet diese Aufspaltung nicht statt, wird die Laktose nicht ins Blut aufgenommen, sondern gelangt unverdaut in den Dickdarm und dient dort Darmbakterien als Nahrungsquelle.

Als Zeichen zeigen sich

» körperliche Symptome wie Durchfall, Verstopfung, Bauchschmerzen, Darmschmerzen, Koliken, Übelkeit, Sodbrennen, Magengrummeln, Aufstoßen, Blähungen, Völlegefühl, Kopfschmerzen und Migräne

» psychische Symptome wie chronische Müdigkeit, Depressionen, Konzentrationsstörungen, innere Unruhe, Hyperaktivität, Gereiztheit, Aggressivität, Lustlosigkeit, Motivationsmangel, Abgeschlagenheit oder Erschöpfungszustände

» allgemeine Symptome wie Infektanfällig keit, Essstörungen, Heißhungerattacken, Mundgeruch, trockene Schleimhäute, trockene oder fettige Haare.

Die Beschwerden und ihre Ausprägung hängen von der Schwere des Laktasemangels und der Menge des verzehrten Milchzuckers ab.

Diagnose und Verträglichkeitsstufen

Die Diagnose wird mittels eines Wasserstoffatemtests gestellt, der darauf basiert, dass Darmbakterien durch die nicht gespaltene Laktose Wasserstoff freisetzen, der in der Ausatemluft gemessen werden kann. Der Patient trinkt in Wasser gelösten Milchzucker, danach werden die Wasserstoffwerte in seiner Ausatemluft analysiert.

"Die Küche ist eine Welt, deren Sonne der Kochherd ist."

Victor Hugo

Eine mögliche Ursache für eine Laktoseintoleranz ist ein vorübergehender Laktasemangel aufgrund einer anderen Erkrankung (z. B. Zöliakie oder Colitis ulcerosa). Im Gegensatz zur Zöliakie kann die Laktoseintoleranz im Laufe der Zeit besser werden oder gar verschwinden. Oft ist das Enzym Laktase noch geringfügig aktiv, sodass eine gewisse Milchzuckermenge, die jede betroffene Person selbst herausfinden muss, verträglich ist (bis zu 1 g/Tag bei mittelschwerer, 8–10 g/Tag bei leichter Unverträglichkeit). Bei einer akuten Milchzuckerunverträglichkeit müssen Betroffene auf jeglichen Konsum von Milchzucker verzichten.

Nahrungsmittel mit Laktose

Laktose ist grundsätzlich in allen Milchprodukten enthalten, die aus Kuhmilch und aus der Milch von Ziege, Schaf, Büffel, Pferd und Kamel stammen. Dazu gehören auch Produkte wie Schokolade, Bonbons, Nougat, Pralinen oder Eis sowie Fertiggerichte, Konserven, Kartoffelpüreepulver, Wurst- und Backwaren sowie Müslimischungen. Laktose ist oft auch Grundstoff für Tabletten. Produkte, die Milch bzw. Laktose enthalten, müssen laut Deklarationspflicht für Lebensmittel entsprechend gekennzeichnet sein.

Milcheiweißallergie und -unverträglichkeit

Bei einer Milcheiweißunverträglichkeit handelt es sich um eine Abwehrreaktion des Immunsystems gegen die Eiweißbestandteile der Milch – das Milcheiweiß und das Molkeneiweiß.

Symptome einer Milcheiweißallergie/-unverträglichkeit

Milch- sowie Molkeneiweiß sind die zwei Komponenten, aus denen Kasein besteht. Diese können allergieauslösend sein – jedoch mit unterschiedlichen Folgen. Menschen, die gegen Milcheiweiß allergisch sind, müssen auf alle tierischen Milchprodukte verzichten, also auch auf Ziegen-, Schaf- und Stutenmilch. Molkeneiweiß kommt nur in der Kuhmilch vor.

Die Symptome der Milcheiweißallergie sind vielfältig: Juckreiz und Schwellungen an den Schleimhäuten und der Haut, Hautekzeme, Nesselsucht, Asthma, anaphylaktische Reaktion, Magen-Darm-Beschwerden wie Übelkeit, Bauchschmerzen, Blähungen, Koliken, Erbrechen, Durchfall, Verstopfung. Die Diagnose erfolgt über Testdiäten, Allergietests oder Blutuntersuchungen.

Vegane Milchersatzprodukte

Behandelbar sind beide Formen der Milcheiweißallergie durch den Verzicht auf Milcheiweiß. Vegane Milchersatzprodukte erhalten Sie in gut sortierten Reformhäusern, größeren Supermärkten und Naturkostläden.

Butter/Margarine

Margarine (Zutatenliste beachten!), Kokosfett

Eis

Sorbet, Wassereis, veganes Eis auf Soja- oder Kokosbasis

Joghurt/Pudding

Joghurt auf Hanf-, Kokos-, Lupinen- und Sojabasis, Pudding auf Kokos-, Mandel-, Nuss-, Reis- und Sojabasis

Käse

veganer Käseersatz auf Lupinen-, Reis- oder Sojabasis (Käsealternativen wie Frischkäseersatz, Scheiben- oder Streukäseersatz für Pizza und Lasagne; prüfen Sie immer, ob das Produkt im Rahmen einer zusätzlichen glutenfreien Ernährung verträglich ist); Frischkäseersatz auf Cashew- oder Mandelbasis

Milch

pflanzlicher Milchersatz auf Basis von Amarant, Cashew, Hanf, Haselnuss, Hirse, Kokos, Lupinen, Macadamia, Mais, Mandel, Quinoa, Reis, Sesam, Soja, Walnuss

Quark

veganer Quarkersatz auf Sojabasis, Seidentofu

Sahne/Schmand

Kochsahneersatz und aufschlagbarer Sahneersatz auf Kokos-, Mandel-, Reis- und Sojabasis; veganer Saure-Sahne-Ersatz auf Lupinen- und Sojabasis; Sprühsahne auf Reis- und Sojabasis

Schokolade

vegane Schokolade in den unterschiedlichsten Geschmacksrichtungen sowie Schokoaufstrich, Bitterschokolade (mind. 75 % Kakao)

Meine Rezepte in diesem Buch sollen Ihnen Freude am Kochen und Backen mit verträglichen Produkten vermitteln. Zum besseren Verständnis hier noch ein paar Informationen:

Alternativen bei Milcheiweißunverträglichkeit

sehen Sie jeweils als separate Angaben bei den Zutaten. Alternativen sind nur für das jeweilige Basisrezept notiert. Rezeptvariationen bleiben davon unberührt.

Milcheiweißfreie Produkte

Es sind stets Beispielalternativen aufgeführt. Ein entsprechendes Produkt kann nach Verträglichkeit und Geschmack gewählt werden, siehe Seite 169. Wird als Milchalternative ein eher wässriger Ersatz verwendet, wie Reis- oder Hirsedrink, so reichen etwa zehn Prozent weniger davon aus. Aufschlagbare Sahnealternativen sind in unterschiedlicher Qualität erhältlich. Nicht jedes Produkt lässt sich gleich gut aufschlagen und erhält die nötige Stabilität. Lassen Sie sich beraten, welches Produkt den gewünschten Anforderungen entspricht.

Fett und Öl

Nach Geschmack können Öle aus Samen, Nüssen, Mais, Oliven, Kokos, Disteln und Fette wie Ghee, Schweine- und Butterschmalz verwendet werden. Gleich nach der Diagnose Zöliakie sind ein leicht verdauliches Öl und Margarine auf Basis von mittelkettigen Fettsäuren (MCT) empfehlenswert.

Glutenfreie Mehlmischungen

In Süßspeisen- und Backrezepten wird häufig die Zutat „helle glutenfreie Mehlmischung" verwendet. Je nach Geschmack und Verträglichkeit kann eine Fertigmehlmischung auf Maisbasis oder eine selbst hergestellte Mehlmischung verwendet werden. Lesen Sie hierzu „Glutenfreie Mehl- und Stärkesorten"auf Seite 157.

Websites & Co – Empfehlungen für Sie

„Tanjas glutenfreies Kochbuch"

Mit über 700 erprobten glutenfreien Rezepten bietet die Website eine umfangreiche und kostenfreie Rezeptsammlung in den Kategorien Vorspeisen, Hauptspeisen, Beilagen, Desserts, Kuchen, Torten, süßes Kleingebäck, Weihnachtsbäckerei, Brot und Brötchen sowie Rezeptideen für Motto und Partygerichte. Viele Rezepte sind mit Tipps für eine laktosefreie, milchfreie und fruktosearme Zubereitung ergänzt.

rezepte-glutenfrei.de

Videoanleitungen über YouTube

Auf dem YouTube Kanal „Tanjas glutenfreies Kochbuch" finden Sie hilfreiche Videoanleitungen für süße wie herzhafte Backwaren und glutenfreie Gerichte sowie „Theorie mit Tipps und Tricks". Leicht verständlich werden die Eigenschaften der glutenfreien Teige aufgezeigt und problematische Arbeitsschritte anschaulich dargestellt.

youtube.com
(Tanjas glutenfreies Kochbuch)

Deutsche Zöliakie Gesellschaft (DZG)

Die DZG ist eine Interessengemeinschaft für Zöliakiebetroffene. Mitglieder erhalten umfangreiches Informationsmaterial über das gesamte Themengebiet: spezielle Lebensmittelaufstellungen, Informationen über Selbsthilfegruppen und Veranstaltungen sowie das vierteljährlich erscheinende DZG Magazin.

Deutsche Zöliakie Gesellschaft e.V.
Kupferstr. 36, 70565 Stuttgart
dzg-online.de

Österreichische Arbeitsgemeinschaft Zöliakie

Mitglieder erhalten umfassende Hilfe anhand einschlägiger Unterlagen wie des Zöliakie-Handbuchs sowie Einladungen zu medizinischen Vorträgen, Kochkursen und Gruppentreffen. Die Zeitschrift „Zöliakie Aktuell", ein Zöliakie-Pass und der Zugang zur Abfrage glutenfreier Lebensmittel über die Website runden das Angebot ab.

Österreichische Arbeitsgemeinschaft Zöliakie
Anton-Baumgartner-Str. 44/C5/2302, 1230 Wien
zoeliakie.or.at

Zöliakie-Austausch

Die größte deutschsprachige Facebookgruppe ermöglicht einen praktischen Erfahrungsaustausch Betroffener im sozialen Netzwerk. Umfangreiche Dateien sowie Infos über einschlägige Veranstaltungen bieten zusätzlich kompetente Hilfe rund um das Thema Zöliakie.

zoeliakie-austausch.de
facebook.com/groups/zoeliakie.austausch

REZEPTREGISTER NACH SPEISEN

Schnelle Salate & wärmende Suppen

Leberspätzlesuppe 10
Semmelklößchensuppe 12
Brotsalat 14
Kürbis-Kokos-Cremesuppe 16
Hirsesalat 18
Lauchsuppe mit Hackfleisch 20

Herzhafte Hauptspeisen

Crêpes, pikant gefüllt 25
Damwildbraten 27
Blumenkohl, gebacken 29
Gemüse-Quinoa-Bratlinge 31
Kabeljau mit Kräuterkruste 33
Hackbraten 35
Gnocchi-Auflauf, herzhaft 37
Käseknödel 39
Lasagne 41
Rindergulasch, pikant 43
Maultaschen, gerollt 45
Putenkeule, süßsauer 47
Seelachs in Kräuterrahm 49
Putengeschnetzeltes mit Senf 51
Rinderrouladen 53
Königsberger Klopse in Kapernsoße 55

Klassische Soßen & Dressings

Kräutersoße 58
Hackfleischsoße 60
Jägersoße 62
Meerrettichsoße 64
Béchamelsoße 66
Rotweinsoße 68
Kräutermarinade 70
Joghurtdressing 72

Treue Begleiter

Eierspätzle 77
Hefeknödel, pikant 79
Kartoffelgratin 81
Rahmspinat 83
Ratatouille 85
Schupfnudeln 87
Semmelknödel 89

Süße Hauptspeisen

Apfelstrudel 92
Germknödel mit Vanillesoße 94
Bratapfel-Kaiserschmarrn 96
Topfenpalatschinken, überbacken 98
Aprikosen- und Zwetschgenknödel 100
Quarkstrudel 102

Verführerische Desserts

Apfelküchle 107
Grießpudding 109
Heidelbeer-Schichtdessert 111
Softwaffeln 113

Flammkuchen, Quiche & Co.

Flammkuchen nach Elsässer Art 116
Langos 118
Pfannenpizza 120
Quiche Lorraine 122
Schinken-Käse-Hörnchen 124
Zwiebelkuchen nach fränkischer Art 126

Traditionelle Brötchen & frisches Brot

Knäckebrot 131
Genießerbrötchen 133
Hefezopf nach Großmutters Art 135
Kastanienbrot ohne Fertigmehl 137
Kornstangen 139
Schwarzbrot 141
Weißbrot mit Hefe 143
Weißbrot ohne Hefe 143
Laugengebäck 145

ALPHABETISCHES REZEPTREGISTER

A
Apfelküchle 107
Apfelstrudel 92
Aprikosen- und Zwetschgenknödel 100

B
Béchamelsoße 66
Blumenkohl, gebacken 29
Bratapfel-Kaiserschmarrn 96
Brotsalat 14

C
Crêpes, pikant gefüllt 25

D
Damwildbraten 27

E
Eierspätzle 77

F
Flammkuchen nach Elsässer Art 116

G
Gemüse-Quinoa-Bratlinge 31
Genießerbrötchen 133
Germknödel mit Vanillesoße 94
Gnocchi-Auflauf, herzhaft 37
Grießpudding 109

H
Hackbraten 35
Hackfleischsoße 60
Hefeknödel, pikant 79
Hefezopf nach Großmutters Art 135
Heidelbeer-Schichtdessert 111
Hirsesalat 18

J
Jägersoße 62
Joghurtdressing 72

K
Kabeljau mit Kräuterkruste 33
Kartoffelgratin 81
Käseknödel 39
Kastanienbrot ohne Fertigmehl 137
Knäckebrot 131
Königsberger Klopse in Kapernsoße 55
Kornstangen 139
Kräutermarinade 70
Kräutersoße 58
Kürbis-Kokos-Cremesuppe 16

L
Langos 118
Lasagne 41
Lauchsuppe mit Hackfleisch 20
Laugengebäck 145
Leberspätzlesuppe 10

M
Maultaschen, gerollt 45
Meerrettichsoße 64

P
Pfannenpizza 120
Putengeschnetzeltes mit Senf 51
Putenkeule, süßsauer 47

Q
Quarkstrudel 102
Quiche Lorraine 122

R
Rahmspinat 83
Ratatouille 85
Rindergulasch, pikant 43
Rinderrouladen 53
Rotweinsoße 68

S
Schinken-Käse-Hörnchen 124
Schupfnudeln 87
Schwarzbrot 141
Seelachs in Kräuterrahm 49
Semmelklößchensuppe 12
Semmelknödel 89
Softwaffeln 113

T
Topfenpalatschinken, überbacken 98

W
Weißbrot mit Hefe 143
Weißbrot ohne Hefe 143

Z
Zwiebelkuchen nach fränkischer Art 126

ÜBER DIE AUTORIN

Foodbloggerin und Bestsellerautorin Tanja Gruber ist selbst von Kindesbeinen an Zöliakiebetroffene. Die Diagnose erhielt sie allerdings erst im Alter von 22 Jahren – nach einer schier endlosen Ärzte-Odyssee.

Die begeisterte Köchin und Bäckerin führt im mittelfränkischen Herrieden ein Ladengeschäft mit ausschließlich glutenfreien Produkten. Zudem veranstaltet sie in ihrem Heimatort jährlich rund 30 Kurse für glutenfreies Kochen und Backen, die sich großer Beliebtheit erfreuen und stets ein Jahr im Voraus ausgebucht sind. Unter der Marke „Tanjas Backliebe" hat Tanja Gruber ihre liebsten Mischungen für Brötchen und Brote auch marktreif gemacht (erhältlich im Onlineshop FoodOase).

Auf **rezepte-glutenfrei.de** findet sich „Tanjas glutenfreies Kochbuch" mit über 700 Rezepten. Die Website zählt zu den bekanntesten Plattformen für glutenfreie Rezepte im deutschsprachigen Raum. Seit Juli 2020 gibt es auch eine entsprechende App mit dem Namen „Tanjas glutenfreie Rezepte". Und in der Facebook-Gruppe „Tanjas Backliebe" steht die Autorin betroffenen Personen gerne mit Rat und Tat zur Seite.

Schär
GLUTEN-FREE
Mit dem
Besten
von uns
Glutenfreie
Expertise für
ganz viel Spaß
beim Backen.
Für jedes Rezept die passende
Mehlmischung. Mehr Infos
auf www.schaer.com.
MIX IT
DUNKEL
RUSTICO
MIX
BROT
MIX IT
UNIVERSAL
MIX
KUCHEN
ND KEKSE
MEHL
FARINE

Liebe Leserin, lieber Leser,

hat Ihnen dieses Buch gefallen? Dann freuen wir uns über Ihre Weiterempfehlung!
Erzählen Sie in Ihrem Freundeskreis davon, in Ihrer Buchhandlung oder bewerten Sie das Buch online.

Wollen Sie weitere Informationen zum Thema? Möchten Sie mit der Autorin in Kontakt treten? Wir freuen uns auf Austausch und Anregung unter leserstimme@styriabooks.at

Inspiration, Geschenkideen und gute Geschichten finden Sie auf **www.styriabooks.at**

STYRIA
BUCHVERLAGE

ISBN 978-3-7088-0812-3

Bücher aus der Verlagsgruppe Styria gibt es in jeder Buchhandlung und im Online-Shop **www.styriabooks.at**

Covergestaltung
Magda Rawicka, magda-raw.com

Layout, Satz & Illustrationen
Magda Rawicka, magda-raw.com

Lektorat
Heidi Hölbling, Elisabeth Austaller

Fotos
Frauke Antholz

Projektleitung
Jasmin Parapatits

Herstellung
Maria Schuster

Druck und Bindung
Finidr

Printed in the EU
7 6 5 4 3 2 1

„Küsse vergehen, Kochkunst bleibt bestehen."

George Meredith